에듀윌과 함께 시작하면,
당신도 합격할 수 있습니다!

영주권이나 체류 비자를 취득하기 위해
한국어 사용 능력을 증명해야 하는 외국인

국내 대학 및 대학원에 입학하기 위해
TOPIK한국어능력시험을 준비하는 재외동포

외국에서 학교를 졸업하고
한국 기업체 취업을 준비하는 한국인

누구나 합격할 수 있습니다.
해내겠다는 '열정' 하나면 충분합니다.

마지막 페이지를 덮으면,

에듀윌과 함께
TOPIK한국어능력시험 합격이 시작됩니다.

KB215569

한국어 교재 45만 부 판매 돌파
111개월 베스트셀러 1위

에듀윌이 만든 한국어 BEST 교재로
합격의 차이를 직접 경험해 보세요

KBS한국어능력시험

한국실용글쓰기   ToKL국어능력인증시험   TOPIK 한국어능력시험

에듀윌 한국어능력시험

TOPIK II 쓰기

실전서

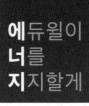

사소한 것에 목숨을 걸기에는
인생이 너무 짧고,
하찮은 것에 기쁨을 빼앗기기에는
오늘이 소중합니다.

– 조정민, 『인생은 선물이다』, 두란노

저자의 합격 메시지

여러분, 반갑습니다. '에듀윌 TOPIKⅡ 쓰기'는 여러분의 TOPIKⅡ 쓰기 고등급 취득을 돕기 위해 만든 책입니다. 재외동포 및 외국인 학생들이 TOPIKⅡ의 3가지 영역 중 쓰기를 가장 어려워하기 때문입니다.

이 책은 TOPIKⅡ 쓰기의 유형별 최근 기출문제를 분석하여 핵심 내용을 수록하고, 글 쓰기에 유용한 어휘 및 문법을 충분히 연습할 수 있도록 구성하였습니다. 각 유형별 특성과 기출 표현 및 주제를 분석하여 단계별로 문제 풀이 연습을 할 수 있습니다. 여러분은 이 책을 통해 TOPIKⅡ 쓰기를 탄탄하게 대비함으로써 자신감을 가지고 실제 시험장에서 쓰기 유형에 맞는 글을 적절한 구성과 분량으로 작성할 수 있게 될 것입니다.

쓰기의 준비부터 실제 시험에서 답안을 작성하기까지의 모든 과정을 '에듀윌 TOPIKⅡ 쓰기'와 함께하며 목표 등급을 향해 나아가기를 응원합니다!

저자 김지학

가톨릭대학교 한국어교육과 박사 수료
숭실대학교 국제교육원 TOPIKⅡ 외래 교수
경희대학교 국제평생교육원 외래 교수
YBM넷 원격평생교육원 외래 교수
탑에듀 원격평생교육원 외래 교수
고려사이버대학교 한국어·다문화학부 한국어교육전공 외래 교수

숭실사이버대학교 한국어교육학과 외래 교수
숭실대학교 베어드교양대학 외래 교수
경기대학교 국제교육원 TOPIKⅡ 특강 강사
청강문화산업대학 KBS한국어능력시험 특강 강사
충북대학교 대학원 논문작성법 특강 강사

이 책에 있는 **3가지**

1

한눈에 보는
유형 + 개념

TOPIK 평가틀을 바탕으로 TOPIK II 쓰기 시험에 출제되는
유형을 분석하여 빠짐없이 수록하였습니다.
유형별로 문제 풀이에 꼭 필요한 개념들도 함께 제시합니다.

2

단숨에 푸는
기출 + 예상문제

이해하기 → 연습하기 → 정복하기의 3단계 구성으로,
자신의 실력과 학습 시기에 맞게 풀어 볼 수 있는 문제를
아끼지 않고 수록하였습니다.

3

입이 떡 벌어지는
단기합격팩

'어휘+문법 등급UP' 부록, 무료 특강
목표 등급으로 합격할 수 있도록 돕는 단기합격팩을 무료로 제공합니다.

4주 학습 계획표

✏️ _____ 의 토픽 목표 등급 달성기 · · · 🎈

나의 목표 등급 `3 | 4 | 5 | 6` 급   **나의 현재 등급** `무 | 3 | 4 | 5` 급

나는 하루에 _____ 시간은 꼭 토픽 공부를 하고, _____ 년 _____ 월 _____ 일까지,
4주 만에 이 책을 끝낸다.

1주							
본책	**51번** 1단계	**51번** 2단계 1~3번	**51번** 2단계 4~6번	**51번** 3단계 1~4번	**51번** 3단계 5~8번	**51번** 3단계 9~12번	**52번** 1단계
부록	2~4쪽	5~7쪽	8~10쪽	11~13쪽	14~15쪽	16~18쪽	19~21쪽

2주							
본책	**52번** 2단계 1~3번	**51번** 2단계 4~6번	**52번** 3단계 1~4번	**52번** 3단계 5~8번	**52번** 3단계 9~12번	**53번** 1단계	**53번** 2단계 1~3번
부록	22~24쪽	25~27쪽	28~29쪽	30~31쪽	32~33쪽	34~35쪽	36~37쪽

3주							
본책	**53번** 2단계 4~6번	**53번** 3단계 1~2번	**53번** 3단계 3~4번	**53번** 3단계 5~6번	**53번** 3단계 7~8번	**53번** 3단계 9~10번	**54번** 1단계
부록	38~40쪽	복습 2~5쪽	복습 6~9쪽	복습 10~13쪽	복습 14~17쪽	복습 18~21쪽	복습 22~24쪽

4주							
본책	**54번** 2단계 1~3번	**54번** 2단계 4~6번	**54번** 3단계 1~2번	**54번** 3단계 3~4번	**54번** 3단계 5~6번	**54번** 3단계 7~8번	**54번** 3단계 9~10번
부록	복습 25~27쪽	복습 28~29쪽	복습 30~31쪽	복습 32~33쪽	복습 34~35쪽	복습 36~38쪽	복습 39~40쪽

Contents
차례

구성과 특징

1 유형을 알고! 이해하기

TOPIK 시험 기출문제를 통해 쓰기 영역의 51번~54번 유형을 이해합니다.

1 유형 분석

1단계 이해하기에 수록된 기출문제를 토대로 유형별 특징을 분석하여 안내합니다.

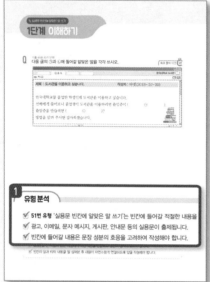

2 유형 돋보기 이론

문제를 풀 때 꼭 알아야 할 이론을 핵심만 추려 수록하였습니다.

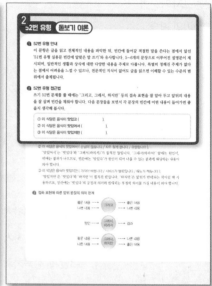

2 유형에 익숙해질 때! 연습하기

쓰기 영역에 익숙해질 수 있도록 연습문제를 풀어 봅니다.

3 선생님과 함께하는 어휘·문법+

문제 및 답안에서 등장하는 단어의 뜻풀이와 문법 표현을 바로 확인합니다.

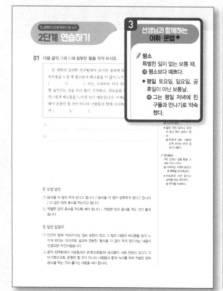

4 모범 답안

모범 답안에 비추어 내가 쓴 답안을 점검해 봅니다. 54번 유형의 경우 첨삭도 확인할 수 있습니다.

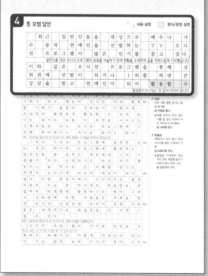

3 쓰기는 내 손안에! 정복하기

각 유형별로 기출문제가 포함된 실전문제를 풀어 보며 시험을 대비합니다.

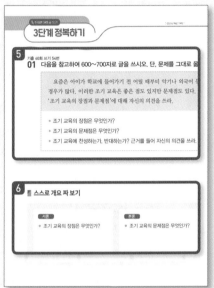

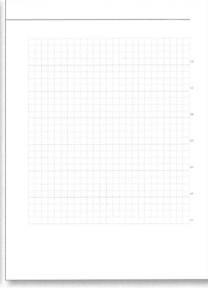

5 기출문제

실제 기출문제를 풀어 보며 기출 주제를 확인하고 글 쓰기 연습을 할 수 있습니다.

6 스스로 개요 짜 보기

답안을 작성하기 전, 글을 전체적으로 계획하는 개요를 짜 보며 생각을 정리해 봅니다.

특별 혜택

☑ 어휘+문법 등급UP

풍성한 답안과 작성을 위해 어휘와 문법을 정리하여 제공합니다.

☑ 한입에 떠먹여 주는 유형 특강

저자가 직접 알려 주는 유형 특강을 무료로 제공합니다.

수강 경로
1. 에듀윌 도서몰(book.eduwill.net)
   ▶ 동영상 강의실
2. 유튜브 '에듀윌 자격증' 채널

특강 바로 보기

토픽에 대한 모든 것

한국어능력시험 TOPIK 이란

교육부 국립국제교육원이 주관하는 시험으로, 한국어를 모국어로 하지 않는 재외동포 및 외국인의 한국어 학습 방향을 제시하고 한국어 보급 확대를 목적으로 합니다. 또한 한국어 사용 능력을 측정·평가하여 그 결과를 국내 대학 유학 및 취업 등에 활용할 수 있는 시험입니다.

응시 대상
한국어를 모국어로 하지 않는 재외동포 및 외국인

주요 활용처

· 국내 대학(원) 입학 및 졸업
· 국외 대학의 한국어 관련 학과 또는 외국인 장학생 프로그램 학사 관리

국내외 한국 기업체 및 공공기관 취업

· 영주권 취득
· 취업 등 체류 비자 취득

시험 수준 및 등급

■ TOPIK I

1급	2급
80~139점	140~200점

■ TOPIK II

3급	4급	5급	6급
120~149점	150~189점	190~229점	230~300점

문항 구성

구분	TOPIK I		TOPIK II		
영역	듣기	읽기	듣기	쓰기	읽기
문항 수	30문항	40문항	50문항	4문항	50문항
문항 유형	객관식		객관식	주관식 🖐	객관식
배점	100점	100점	100점	100점	100점
구분	200점		300점		

🖐 쓰기 영역은 문장완성형(단답형) 2문항과 작문형 2문항(200~300자 설명문과 600~700자 논술문)이 출제됩니다.

시험 일정

구분		접수 기간	시험일	시행 지역	성적 발표일
PBT	제A회	매년 12월 중순경	매년 1월 중순경	한국	매년 2월 말경
	제B회	매년 2월 중순경	매년 4월 중순경	한국, 해외	매년 5월 말경
	제C회	매년 3월 중순경	매년 5월 중순경	한국, 해외	매년 6월 말경
	제D회	매년 5월 중순경	매년 7월 중순경	한국, 해외	매년 8월 말경
	제E회	매년 8월 중순경	매년 10월 중순경	한국, 해외	매년 11월 말경
	제F회	매년 9월 중순경	매년 11월 중순경	한국, 해외	매년 12월 말경
IBT	제A회	매년 12월 중순경	매년 2월 말경	한국, 해외	매년 3월 중순경
	제B회	매년 1월 중순경	매년 3월 말경	한국, 해외	매년 4월 중순경
	제C회	매년 4월 중순경	매년 6월 중순경	한국, 해외	매년 7월 초경
	제D회	매년 7월 중순경	매년 9월 중순경	한국, 해외	매년 10월 초경
	제E회	매년 8월 중순경	매년 10월 말경	한국, 해외	매년 11월 중순경
	제F회	매년 9월 중순경	매년 11월 말경	한국, 해외	매년 12월 중순경

🖐 시험 일정은 변동될 수 있으니 주관처의 공고문을 꼭 확인하시기 바랍니다.
　국외 원서 접수 기간은 한국 내 원서 접수 기간과 다르므로 국외 현지 시행 기관에서 확인해야 합니다.

TOPIK II 시험 시간표 및 유의사항

교시	영역	한국			시험 시간
		입실 완료 시간	시작	종료	
1교시	듣기, 쓰기	12:20까지	13:00	14:50	110분
2교시	읽기	15:10까지	15:20	16:30	70분

- 12:20 이후에는 시험실 입실이 절대 불가합니다.
- 쉬는 시간을 포함한 시험 시간 중에는 모든 전자기기를 사용할 수 없으며, 소지 적발 시에는 부정행위로 간주합니다.
- 시험 중, 책상 위에는 신분증 외에 어떠한 물품(수험표 포함)도 놓을 수 없습니다.
- TOPIK II 1교시 듣기 평가 시에는 듣기만, 쓰기 평가 시에는 쓰기만 풀이해야 합니다.

🖐 토픽에서 인정하는 신분증: 기간 만료 전의 여권, 외국인등록증, 외국국적동포 국내거소신고증, 영주증, 복지카드(장애인등록증), 주민등록증(발급신청확인서),
　운전면허증. 대학(원)생의 경우, 한국어능력시험 신원확인증명서 인정. 초 · 중 · 고등학생인 경우, 학생증, 청소년증, 한국어능력시험 신원확인증명서 인정.

쓰기 영역 평가 기준

구분	평가 기준
내용 및 과제 수행	☐ 주어진 과제를 충실히 수행할 수 있다. ☐ 주제와 관련된 내용으로 구성할 수 있다. ✔ 내용을 풍부하고 다양하게 표현할 수 있다.
글의 전개 구조	☐ 글을 명확하고 논리적으로 구성할 수 있다. ☐ 중심 생각을 잘 구성할 수 있다. ☐ 논리 전개에 도움이 되는 담화 표지를 적절하게 사용하여 조직적으로 연결할 수 있다.
언어 사용	☐ 문법과 어휘를 다양하고 풍부하게 사용하며 적절한 문법과 어휘를 선택하여 사용할 수 있다. ☐ 문법, 어휘, 맞춤법 등을 정확하게 사용할 수 있다. ☐ 글의 목적과 기능에 따라 격식에 맞게 쓸 수 있다.

TOPIK Ⅱ 급수 평가 기준

TOPIK Ⅱ의 등급별 평가 기준에 따라 자신이 목표한 등급이 어느 정도의 한국어 수준을 요구하는지 알아야 합니다.

🖐 자신의 한국어 실력이 TOPIKⅡ 각 급수별 평가 기준을 충족하는지 항목에 체크해 보세요.

등급	평가 기준
3급	✔ 일상생활을 영위하는 데 별 어려움을 느끼지 않으며 다양한 공공시설의 이용과 사회적 관계 유지에 필요한 기초적 언어 기능을 수행할 수 있다. ☐ 친숙하고 구체적인 소재는 물론, 자신에게 친숙한 사회적 소재를 문단 단위로 표현하거나 이해할 수 있다. ☐ 문어와 구어의 기본적인 특성을 구분해서 이해하고 사용할 수 있다.
4급	☐ 공공시설 이용과 사회적 관계 유지에 필요한 언어 기능을 수행할 수 있으며, 일반적인 업무 수행에 필요한 기능을 어느 정도 수행할 수 있다. 또한 뉴스, 신문 기사 중 비교적 평이한 내용을 이해할 수 있다. 일반적인 사회적·추상적 소재를 비교적 정확하고 유창하게 이해하고 사용할 수 있다. ☐ 자주 사용되는 관용적 표현과 대표적인 한국 문화에 대한 이해를 바탕으로 사회·문화적인 내용을 이해하고 사용할 수 있다.
5급	☐ 전문 분야에서의 연구나 업무 수행에 필요한 언어 기능을 어느 정도 수행할 수 있으며 정치, 경제, 사회, 문화 전반에 걸쳐 친숙하지 않은 소재에 관해서도 이해하고 사용할 수 있다. ☐ 공식적·비공식적 맥락과 구어적·문어적 맥락에 따라 언어를 적절히 구분해 사용할 수 있다.
6급	☐ 전문 분야에서의 연구나 업무 수행에 필요한 언어 기능을 비교적 정확하고 유창하게 수행할 수 있으며 정치, 경제, 사회, 문화 전반에 걸쳐 친숙하지 않은 주제에 관해서도 이해하고 사용할 수 있다. ☐ 원어민 화자의 수준에는 이르지 못하나 기능 수행이나 의미 표현에는 어려움을 겪지 않는다.

쓰기 영역 출제 패턴

에듀윌 TOPIK은 국립국제교육원에서 발표한 평가틀을 기준으로 유형을 정리하였습니다. 유형 학습에 최적화된 흐름으로 토픽 시험을 대비하세요.

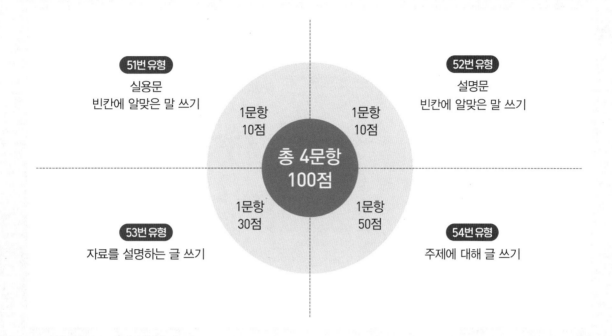

51번 유형
실용문
빈칸에 알맞은 말 쓰기

1문항
10점

52번 유형
설명문
빈칸에 알맞은 말 쓰기

1문항
10점

총 4문항
100점

1문항
30점

1문항
50점

53번 유형
자료를 설명하는 글 쓰기

54번 유형
주제에 대해 글 쓰기

잠깐! 듣기 영역과 읽기 영역의 출제 패턴도 궁금하다면?

듣기와 읽기 영역의 출제 패턴에 대한 자세한 사항은 '에듀윌 한국어능력시험 TOPIK Ⅱ'에서 확인할 수 있습니다.

듣기		읽기	
	일치하는 그림/도표 고르기		빈칸에 알맞은 말 고르기
	이어지는 말 고르기		이어지는 말 고르기
	알맞은 행동 고르기		중심 내용/화제 고르기
	담화 참여자 고르기		주제 고르기
	담화 전/후의 내용 고르기		필자의 의도/목적 고르기
	중심 생각 고르기		인물의 태도/심정 고르기(수필·소설)
	중심 내용/화제 고르기		일치하는 내용 고르기
	화자의 의도/목적 고르기		알맞은 순서로 배열한 것 고르기
	일치하는 내용 고르기		문장이 들어갈 위치 고르기
	담화 상황 고르기		필자의 태도 고르기
	화자의 태도/말하는 방식 고르기		

목표가 있는 사람은 성공한다.
어디로 가고 있는지 알기 때문이다.

– 얼 나이팅게일(Earl Nightingale)

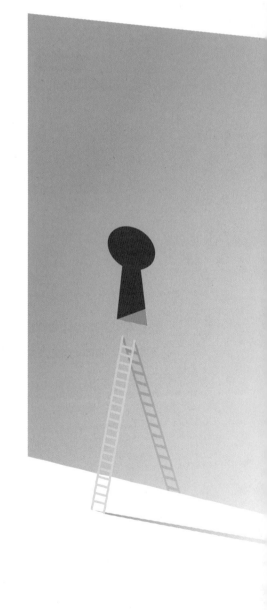

쓰기

들어가기

원고지 작성법

❶ 기본 작성 원칙

(1) 글자는 한 칸에 한 자씩 쓴다.

	생	산	량	이		3	년		동	안		3	배		증	가	했	다	.

(2) 글을 처음 시작할 때와 문단이 바뀔 때는 그 줄의 첫 칸을 비우고 둘째 칸부터 쓴다.

	결	과	만	을		보	고		무	언	가	를		결	정	했	다	가	는
큰	코	다	칠		수		있	다	.										
	따	라	서		통	계		자	료	를		활	용	할		때	는		조
사		대	상	의		수	,		조	사		과	정		등	을		밝	혀	야
한	다	.																	

(3) 한 문단 내에서는 처음 시작을 제외하고는 첫 칸을 비우지 않는다. 줄의 끝에서 비울 칸이 없는 경우 띄어 쓰지 않고 다음 줄 첫 칸부터 쓴다.

	배	움	은		자	신	과		자	신	을		둘	러	싸	고		있	는
세	상	에		대	해		알	아		가	고		자	신	의		정	체	성

❷ 숫자와 알파벳

(1) 로마 숫자, 알파벳 대문자, 낱자로 된 아라비아 숫자는 한 칸에 한 자씩 쓴다.

	I	II	III		K	O	R	E	A										
	5	월		5	일	은		어	린	이	날	이	다	.					

(2) 두 자 이상의 아라비아 숫자, 알파벳 소문자는 한 칸에 두 자씩 쓴다.

12	월		25	일						
E	xa	mp	le		of		a		ne	w

❸ 문장 부호

(1) 문장 부호는 한 칸에 하나씩 표시하는 것을 원칙으로 한다. 단, 줄표(—), 줄임표(……)는 두 칸에 쓴다.

> 참고 마침표 뒤에 따옴표가 오면 마침표와 따옴표를 같은 칸에 쓴다.

"보	고	서		확	인	을		부	탁	드	립	니	다. "		
"음	…	…		잘		작	성	됐	지	만		내	용	을		더
간	단	하	게		정	리	하	면		좋	겠	군. "			

(2) 물음표(?), 느낌표(!) 다음에는 한 칸을 비운다. 다만, 마침표(.), 쉼표(,), 쌍점(:) 뒤에는 칸을 비우지 않아도 된다.

	최	근		국	내	에	서		유	학	하	는		외	국	인		유	학
생	이		급	증	했	다.	20	00	년	에		4	천		명	이	던		

(3) 글자가 마지막 칸을 차지하여 문장 부호를 찍을 칸이 없을 때는 문장 부호를 끝 칸에 글자와 함께 넣는다.

	과	정	이		결	과	보	다		중	요	하	다	고		생	각	한	다.

쓰기의 기술

TOPIK Ⅱ의 '듣기, 읽기, 쓰기' 영역 중에서 수험생들을 가장 고민에 빠뜨리는 영역은 바로 '쓰기'입니다.
'쓰기' 영역 안에서도 수험생들이 어려워하는 부분은 모두 다를 텐데요. 여러분의 고민거리를 어떻게 해결할 수 있을지
지금 알려 드릴게요!

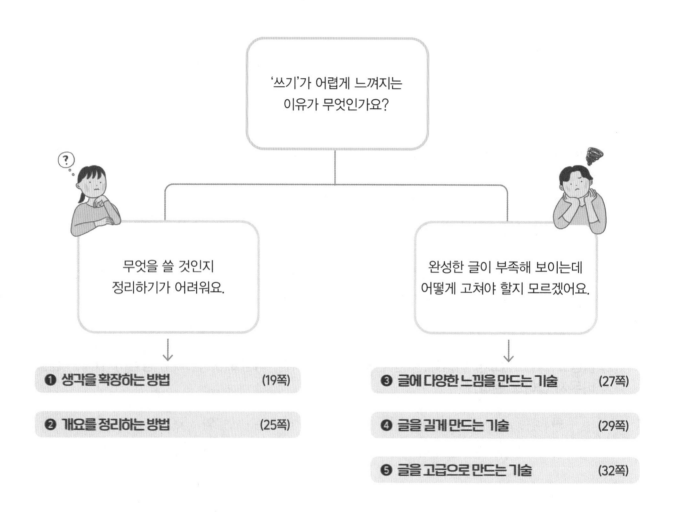

'쓰기'가 어렵게 느껴지는
이유가 무엇인가요?

무엇을 쓸 것인지
정리하기가 어려워요.

완성한 글이 부족해 보이는데
어떻게 고쳐야 할지 모르겠어요.

결과에 따라 해당 페이지로 이동하여 고민을 해결해 볼까요?

❶ 생각을 확장하는 방법

- 문제에서 제시되는 주제는 그동안 한 번도 관심을 두지 않았거나, 그에 관해 글을 쓰고 싶은 마음이 없는 주제일 수 있습니다. 누군가는 교육 문제에 관심이 없고, 누군가는 건강 문제에 관심이 없을테니까요.
- 그러나 시험에서는 제시된 주제에 따라 무조건 글을 써서 답안을 제출해야 하기 때문에, 주제에 관한 생각을 확장하고, 떠올린 생각을 잘 정리할 수 있어야 합니다.

❶ 브레인스토밍(brainstorming)

(1) 개념

브레인스토밍이란 머릿속에서 생각나는 모든 것을 자유롭게 적어 보는 것입니다. 주제를 두고 3분에서 5분 정도 주제와 관련해 생각나는 모든 것을 종이에 적어 내려가 보세요. 그중에서 글을 쓸 때 사용하기에 적당한 단어나 표현을 얻을 수 있을지도 몰라요!

(2) 브레인스토밍으로 생각을 정리하는 방법

① 처음부터 논리 정연하고 조리 있는 완벽한 글을 쓰기는 쉽지 않습니다. 제시된 주제에 관해 무엇을 써야 할지 모르겠을 때는 아래와 같은 방법으로 브레인스토밍을 해 볼 수 있습니다.

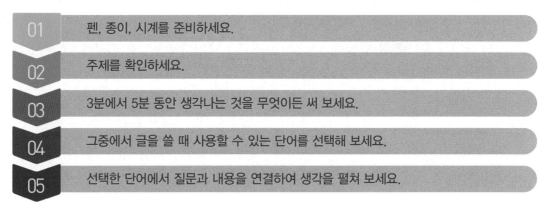

01 펜, 종이, 시계를 준비하세요.

02 주제를 확인하세요.

03 3분에서 5분 동안 생각나는 것을 무엇이든 써 보세요.

04 그중에서 글을 쓸 때 사용할 수 있는 단어를 선택해 보세요.

05 선택한 단어에서 질문과 내용을 연결하여 생각을 펼쳐 보세요.

② 브레인스토밍은 자연스럽게 머릿속에 떠오른 것이면 무엇이든 적어 보는 것이기 때문에, 막상 글을 쓸 때는 필요하지 않은 내용도 얼마든지 나올 수 있습니다. 하지만 10개를 써서 그중 글을 쓸 수 있는 좋은 소재를 1개라도 발견한다면 브레인스토밍을 해 볼 만한 가치는 충분합니다.

(3) 브레인스토밍 실습하기

① '현대 사회의 고령화'라는 주제로 글을 써야 한다고 해 봅시다. 하지만 무엇을 써야 할지 모르겠 거나, 아무 생각도 나지 않을 수도 있습니다.

② 이때 '노인'이라는 단어로 브레인스토밍을 시작해 보는 거예요.

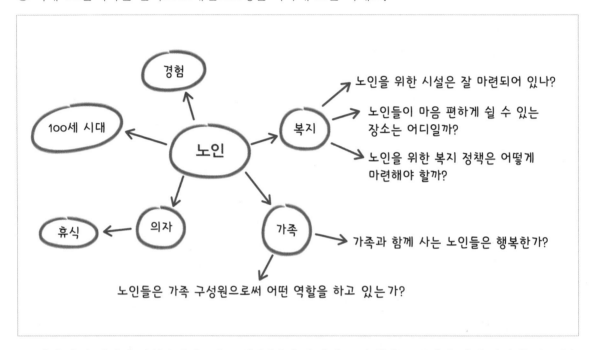

③ 여러 가지 생각이 나왔습니다. 이 중에서 '현대 사회의 고령화'라는 주제와 연결 지어 쓸 수 있을 법한 것을 골라 보세요. 고령화 시대의 노인 복지 정책에 관해 쓸 수도 있고, 가족 구성원으로써 의 노인의 삶에 관하여 써 볼 수도 있을 거예요. 브레인스토밍은 이렇게 다양한 아이디어를 이 끌어낼 수 있습니다.

제시된 주제로 브레인스토밍을 해 보세요!

| 예시 답안 |

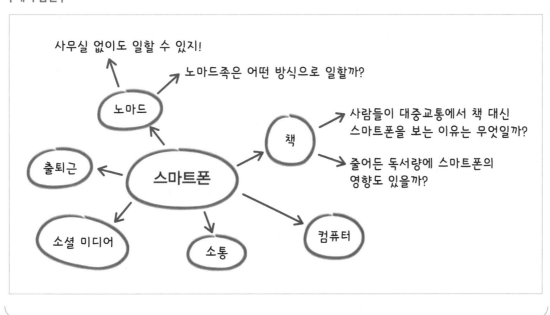

어때요? 재미있지 않나요? 다시 한 번 브레인스토밍을 해 봅시다.

쓰기 연습

제시된 주제로 브레인스토밍을 해 보세요!

| 예시 답안 |

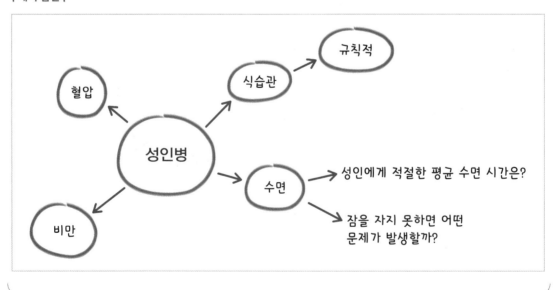

❷ 마인드맵(mind map)

(1) 개념

마인드맵은 '생각의 가지'를 그려 가며 생각의 지도를 넓혀 나가는 방법입니다. 브레인스토밍과 다른 점은 주제와 관련된 것들을 하나하나 생각하면서 연결된 단어나 표현, 문장, 이미지 등을 그려 낸다는 것이에요.

(2) 마인드맵으로 생각을 정리하는 방법

마인드맵은 아래와 같은 방법으로 해 볼 수 있습니다.

01	펜, 종이, 시계를 준비하세요.
02	주제를 확인하세요.
03	주제와 관련이 있는 단어, 표현을 몇 개 정도 써 보거나 그림을 그려 보세요.
04	그 단어에서 연결되는 다른 단어, 표현을 쓰거나 그림으로 나타내 보세요.
05	선택한 단어에서 질문, 내용을 연결하여 생각을 펼쳐 보세요.

(3) 마인드맵 실습하기

① '소통'이라는 주제로 글을 쓰려고 합니다. 차근차근 '생각의 가지'를 펼쳐 볼까요?

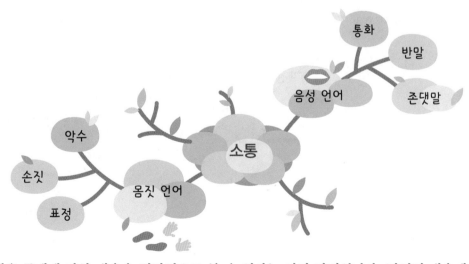

② 마인드맵은 주제에 관한 내용을 직관적으로 볼 수 있다는 것이 장점입니다. 관련된 내용에 그림을 그리거나 중요한 개념에 밑줄을 긋는 등의 강조 표시가 더해지면 시각적으로 내용을 더 쉽게 파악할 수 있습니다.

쓰기의 기술

쓰기 연습

제시된 주제로 마인드맵을 해 보세요!

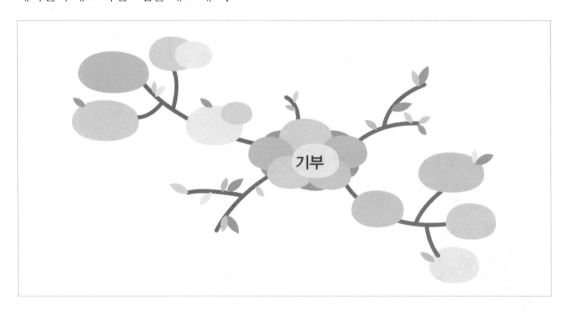

| 예시 답안 |

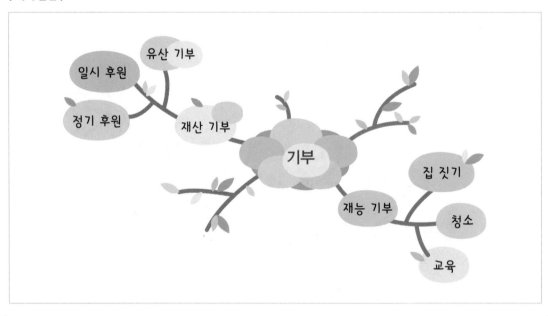

❷ 개요를 정리하는 방법

- 개요란 글을 작성하기 위해 세운 계획입니다.
- 떠올린 생각을 논리적으로 적어 내려 가기 위해서는 글 전체에 대한 계획을 세워 두어야 합니다.

❶ 개요 작성의 순서

(1) 개요 작성의 기본

본격적으로 글을 작성하기 전에 개요를 작성하는 것이 가장 좋습니다. 글을 쓰기 전에 주제를 정하고 서론과 본론, 결론에 어떤 내용이 들어가면 좋을지 정리해 보는 것입니다.

개요는 서론과 본론, 결론에 따라 전개되는 내용이 달라지도록 구성하여 작성해야 합니다. 본론에서 주장하고자 하는 내용의 근거가 2~3개 정도일 때는 각각의 분량이 서로 비슷해야 한다는 점도 잊지 마세요.

(2) 개요 작성의 응용

글을 쓰기 전에 개요를 구성하는 것이 어려운 사람도 있습니다. 그렇다면 먼저 글을 한번 쭉 써 본후에 완성된 글을 보면서 개요를 작성해 보세요. 이렇게 하면 내가 알아보기 쉽게 잘 쓴 것인지 아닌지 알 수 있기 때문에 나의 글에서 부족한 부분을 파악하여 보완할 수 있습니다.

❷ 개요 정리 실습하기

(1) 문장형 개요

> **주제:** 실용적인 글쓰기의 방법을 알아보자.
>
> **서론:** 최근 실용적인 글쓰기의 필요성이 높아지고 있다.
>
> **본론:** 1. 글의 종류별 특성을 잘 파악한다.
>
>   2. 글의 종류별 특성에 따라 사용되는 문장 표현을 학습한다.
>
> **결론:** 앞에서 제시한 방법을 활용하여 실용적인 글을 작성하자.

(2) 명사형 개요

주제: 실용적인 글쓰기의 방법

서론: 실용적인 글쓰기의 필요성 증가 추세

본론: 1. 글의 종류별 특성 파악

2. 글의 종류별 특성에 따라 사용되는 문장 표현 학습

결론: 글의 종류별 특성에 따른 작성 방법 활용 제안

쓰기 연습

제시된 주제로 개요를 작성해 보세요!

주제 ①: 다이어트에 성공하는 방법은 무엇인가?
서론:
본론 1.
2.
3.
결론:

주제 ②: 시간 약속을 잘 지키는 방법
서론:
본론 1.
2.
3.
결론:

| 예시 답안 |

주제 ①: 다이어트에 성공하는 방법은 무엇인가?
서론: 다이어트에 실패하는 사람들이 있다.
본론 1. 운동을 한다.
2. 음식을 조절한다.
3. 긍정적인 마음을 갖는다.
결론: 다이어트를 성공하기 위한 노력이 필요하다.

주제 ②: 시간 약속을 잘 지키는 방법
서론: 약속 시간에 자주 늦는 친구와 관련된 사례
본론 1. 자기 관리 능력 기르기
2. 타인을 존중하는 태도 가지기
3. 신뢰를 지키기 위해 노력하기
결론: 약속 시간에 늦지 않도록 해야 함

❸ 글에 다양한 느낌을 만드는 기술

사람들은 각자 다른 언어 습관을 가지고 있습니다. 글을 쓸 때 특정한 문법이나 표현을 너무 자주 사용하지는 않나요? 항상 같은 문법과 표현을 사용하면 읽는 사람이 지루함을 느끼므로 다양한 느낌의 글을 작성하려는 노력이 필요합니다.

❶ 글에 다양한 느낌을 주어야 하는 이유

글을 쓸 때 동일한 문법을 반복하면 나의 글을 읽는 사람은 나의 글이 단조롭고 어색하다고 느낄 수 있습니다. 다음 예시를 살펴 봅시다.

> 아침을 먹지 않아 배가 고팠습니다. 점심시간이 되었습니다. 피자를 먹었습니다. 맛있습니다.

❷ 글에 다양한 느낌을 주는 방법

동일한 문장도 문법이나 표현에 약간의 변화만 준다면 다양한 느낌을 낼 수 있습니다.

이 영화는 재미있어요!	• 이 영화는 재미있네요! • 이 영화는 재미있군요! • 이 영화는 참 재미있어요!
비가 올 것입니다.	• 비가 올 것 같습니다. • 비가 내릴 듯합니다. • 비가 올 것으로 예상됩니다. • 비가 내릴 것으로 추측됩니다.

하지만, '어/해요'와 '-ㅂ니다' 두 가지를 섞어서 사용하는 것은 적절하지 않습니다. 다양한 문법을 사용하되 문장을 끝내는 표현은 하나로 통일해서 글을 써 보세요. 위에서 살펴 본 예시에 다양한 느낌을 줘 볼까요?

> 아침을 먹지 않아 배가 너무 고팠습니다. 점심시간이 되자마자 피자를 먹으러 달려 나갔습니다. 오늘 먹은 피자의 맛은 도저히 잊을 수가 없습니다!

상황과 나의 느낌을 좀 더 자세히 설명하고, 다양한 문장 부호를 사용하면서 생동감 넘치는 글로 바뀌었습니다. 이처럼 다양한 느낌을 주는 글 쓰기는 어렵지 않습니다.

쓰기 연습

제시된 문장을 다양한 느낌으로 바꿔 보세요.

① 시험 결과가 좋을 것입니다.	• • • • •
② 즐겁게 여행하시기 바랍니다.	• • • •

| 예시 답안 |

① 시험 결과가 좋을 것입니다.	• 시험 결과가 좋을 것이라고 생각합니다. • 시험 결과가 좋을 것으로 예상하고 있습니다. • 시험 결과가 당연히 좋을 것이라고 생각합니다. • 좋은 시험 결과가 나올 것이라고 기대하고 있습니다. • 시험 결과가 좋을 수밖에 없다고 생각하고 있습니다.
② 즐겁게 여행하시기 바랍니다.	• 즐겁게 여행하시길 바라겠습니다. • 즐거운 여행이 되었으면 좋겠습니다. • 여행을 하는 동안 즐겁기를 바랍니다. • 많은 것을 보고 느끼는 여행이 되었으면 합니다. • 이번 여행에서 많은 추억을 남기시면 좋겠습니다.

④ 글을 길게 만드는 기술

- 열심히 답안을 써 보았지만 글이 짧거나 내용이 많지 않아서 걱정인가요? 자신감을 가지고 더 길게 글을 쓰는 능력을 기르고 싶나요?
- 한 문장에 4~5자만 더 써도 이 문제를 해결할 수 있습니다. 지금부터 그 방법에 대해 알아보겠습니다.

❶ 단문 늘이기

(1) 문장 길이를 늘이기

한 문장에 4~5자만 더 늘려 쓴다고 뭐가 달라지냐고요? 간단히 계산을 해 보겠습니다.

> 1문장 10자 × 20문장 = 200자
> 1문장 (10자 + 5자) × 20문장 = 300자

1문장에 5자씩만 더 써도 100자가 더 늘어납니다. 새로운 문장을 추가하는 것이 어렵다면, 이미 작성된 문장들에 글자를 몇 개씩만 덧붙여 보는 것도 좋은 방법이 될 수 있습니다.

(2) 문장의 길이를 늘이는 방법

문장의 길이를 늘이기 위해 다양한 표현을 사용하거나 비교하는 내용을 넣는 등 글을 꾸며 보세요. 다음 예시를 살펴 봅시다.

> 나는 아침에 빵을 먹습니다. (띄어쓰기 포함 15자)
> → 나는 아침에 빵을 자주 먹습니다. (띄어쓰기 포함 18자)
> → 나는 아침에 빵을 먹는 것을 즐깁니다. (띄어쓰기 포함 21자)
> → 나는 아침에 밥 대신에 빵을 자주 먹는 편입니다. (띄어쓰기 포함 27자)
> → 나는 아침에 다른 것보다는 빵을 자주 먹는 편입니다. (띄어쓰기 포함 29자)

15자였던 문장이 29자로 '14자'가 많아졌습니다. 같은 방법으로 10문장을 만든다면 총 '140자'가 많아지는 것입니다.

조금 어려운 문장으로 한 번 더 연습을 해 볼까요?

현대인들은 스마트폰을 많이 사용한다. (띄어쓰기 포함 20자)

→ 현대인의 삶에서 스마트폰은 필수품이 되었다. (띄어쓰기 포함 24자)

→ 현대인들이 스마트폰을 사용하는 비율이 매우 높다. (띄어쓰기 포함 27자)

→ 현대인들 중에서 스마트폰을 사용하지 않는 사람은 거의 없다. (띄어쓰기 포함 33자)

→ 현대인들 중에서 스마트폰을 사용하지 않는 사람은 찾아보기 힘들다. (띄어쓰기 포함 36자)

문장을 늘이는 것은 어렵지 않습니다. 여러분도 할 수 있어요!

쓰기 연습

제시된 문장을 길게, 그리고 그다음 문장은 조금 더 길게 써 보세요.

① 기부를 하는 것은 좋은 일이다.	• • • • •
② 남의 시선을 느끼며 사는 것은 좋은 것이 아니다.	• • • • •

① 기부를 하는 것은 좋은 일이다.	• 기부는 매우 바람직한 일입니다. • 기부를 하는 것은 좋은 행동입니다. • 기부를 하는 것은 매우 바람직한 행동입니다. • 기부를 실천하는 것은 매우 바람직한 것입니다. • 기부를 하는 행위는 매우 바람직한 것이라고 할 수 있습니다.
② 남의 시선을 느끼며 사는 것은 좋은 것이 아니다.	• 남의 시선을 의식하며 살아가는 것은 슬픈 일이다. • 남의 시선을 의식하며 살아가는 것은 좋은 것이 아니다. • 남의 시선을 느끼며 살아가는 것은 좋은 일이라고 볼 수 없다. • 남의 시선을 의식하면서 삶을 살아가는 것은 바람직하지 않다. • 남의 시선을 의식하며 살아가면 긍정적인 결과가 있을 것이라고 기대하기 어렵다.

❷ 단락 늘이기

짧은 글을 긴 글로 바꾸는 것은 단순하게 글의 표현 방법이나 문법을 다르게 쓰는 것만으로는 부족합니다. 다음 예시를 살펴 봅시다.

> 현대인에게 돈은 어떤 의미일까? 우리의 생활에서 '돈'은 '세상 그 무엇보다 소중한 것'이 되어 버린 것 같다. 부자가 되고 싶다고 말하는 청소년들, 직장인들이 많다. 하지만 돈은 많을수록 지켜야 한다는 부담감이 커질 수밖에 없다는 점을 기억해야 한다. (띄어쓰기 포함 142자)

> 현대인들은 돈을 어떤 의미로 받아들이고 있을까? 우리의 생활에서 '돈'은 '세상 그 무엇보다 소중한 것'이 되어 버렸다고 해도 과언이 아닐 것이다. 자신의 꿈이 부자라고 말하는 청소년들, 직장인들을 쉽게 찾아볼 수 있다. 그러나 돈은 많아지면 많아질수록 그것을 지켜야 한다는 부담감이 커질 수밖에 없다는 점을 잊어서는 안 될 것이다. (띄어쓰기 포함 187자)

내용을 더 구체적으로 작성하고, 길이가 좀 더 긴 중급과 고급의 문법·표현 등을 추가하면서 글자의 수도 45자가 늘어났습니다. 이렇게 적절한 길이의 문장을 만들 수 있도록 중급과 고급 수준의 어휘를 외우고, 문법을 잘 활용할 수 있도록 꾸준히 연습해야 합니다.

❺ 글을 고급으로 만드는 기술

'듣기', '읽기' 영역에서는 틀리는 문제가 거의 없는데 '쓰기'에서 어려움을 느끼고 있나요? 1~2년간 한국어를 공부한 후에 토픽 시험에 응시하여도 원하는 등급을 받지 못하는 경우가 많습니다. 쓰기가 싫어서, 쓰기를 못해서일 수도 있지만 열심히 쓰는데도 '고급' 수준 맞추어 쓰는 것이 어렵기 때문일 수 있습니다. 특히 한자를 사용하지 않는 언어권의 학습자들이 한국인 친구들과 편하게 대화를 나누며 한국어를 배운 경우에 이러한 어려움을 느낄 가능성이 높습니다.

❶ 고급 수준으로 글을 쓰지 못하는 이유

초급, 중급의 한국어를 공부하며 배운 문법만 사용하거나 초급, 중급 수준의 어휘만 사용하기 때문인 경우가 많습니다. 그런데 고급 수준의 문법과 어휘는 대부분 여러분이 이미 알고 있는 것들입니다. 다만, 의미는 같은데 모양이 다르거나, 한자어이기 때문에 '어려워 보이는' 것입니다.

❷ 단문을 고급 수준으로 고치기

다음 예시를 살펴 봅시다.

> 저는 사과를 좋아해요.

한눈에 무슨 뜻인지 알 수 있을 만큼 아주 쉬운 문장입니다. 이 문장을 다른 모양으로, 하지만 조금씩 더 어려운 문법과 어휘를 사용해 봅시다.

> → 저는 사과를 좋아합니다.
> → 저는 사과를 좋아하는 편입니다.
> → 저는 사과를 선호하는 편입니다.
> → 저는 여러 과일 중에서도 사과를 좋아하는 편입니다.
> → 저는 여러 과일 중에서 사과를 섭취하는 것을 선호합니다.

다른 문장으로 한 번 더 연습을 해 보겠습니다.

> 요즘 직장인들은 자기 계발을 많이 해요.
> → 요즘 직장인들은 자기 계발에 관심이 많습니다.
> → 자기 계발은 요즘 직장인들에게는 필수적인 것입니다.
> → 요즘 직장인들은 자기 계발을 위해 많은 노력을 기울입니다.
> → 근래에 자기 계발을 위해 노력하는 직장인들을 쉽게 찾아볼 수 있습니다.
> → 요즘 직장인들은 자기 계발의 필요성을 절감하고, 많은 노력을 기울이고 있습니다.

❸ 단락을 고급 수준으로 고치기

자, 이번에는 단락으로 연습을 해 보도록 하겠습니다.

> 욕은 하면 안 됩니다. 왜냐하면 욕은 나쁜 것이기 때문입니다. 그냥 나쁘기만 한 것이 아니예요. 다른 사람의 마음을 안 좋게 합니다. 그 사람은 아마 오랫동안 마음이 아플 것입니다. 그리고 욕을 자꾸 하면 습관이 됩니다. 나중에 바꾸고 싶어도 어려울 겁니다. 그것은 정말 부끄러운 행동입니다.

> 욕을 하는 것은 옳지 않은 행동입니다. 욕과 같은 비속어는 긍정적인 영향을 끼치지 못하기 때문입니다. 단순히 좋지 않은 행동에서 그치는 것이 아니라, 타인의 마음에 깊은 상처를 줄 수 있습니다. 욕을 들은 상대방은 오랫동안 그 상처를 간직한 채로 살아갈 수도 있습니다. 또한 욕을 자주 하다 보면 습관이 되어 버리기 쉬워 추후에 그 습관을 바로잡기 위해 많은 노력을 기울여야 할 것입니다. 이와 같은 부끄러운 행동은 삼가야 합니다.

위의 글과 같은 의미이지만 중급, 고급의 어휘와 문법을 사용해서 글의 내용을 고급 수준으로 만들었습니다. 대부분은 초급 단계에서 쉽고 짧은 글을 쓰게 되는데, 토픽 시험에서 만족할 만한 성적을 얻으려면 더 길고 어렵게 작성하는 연습이 필요합니다. 이를 가지기 위해서는 한국어 책, 신문, 인터넷 기사 등을 자주 읽어보는 것이 좋습니다. 특히, 한국 사람들과 의사소통을 하는 것에는 어려움이 없지만 유독 글을 쓰는 것이 어렵다고 생각한다면 더욱 많은 노력을 해야만 합니다.

그러면 이제, 마지막 연습 문제를 풀어 볼까요?

쓰기 연습

제시된 문장을 고급 수준으로 바꾸어 써 보세요.

① 이 상황에서 그런 일을 해도 의미가 없습니다.	• • • • •
② 대중들의 생각이나 취향은 다양하게 변화해야 합니다.	• • • • •

| 예시 답안 |

① 이 상황에서 그런 일을 해도 의미가 없습니다.	• 이 상황에서 그 일을 하는 것은 가치가 없습니다. • 이런 상황에서 그런 일을 하는 것은 무의미합니다. • 이와 같은 상황에서 그런 행동은 아무런 의미가 없습니다. • 이러한 상황에서 그런 행동을 하는 것은 아무 의미가 없는 것이라고 생각합니다. • 이러한 상황에서 그런 행동을 한다는 것은 무의미하다는 것이 저의 의견입니다.
② 대중들의 생각이나 취향은 다양하게 변화해야 합니다.	• 대중들의 생각이나 취향은 다양하게 변화해야만 하는 것입니다. • 대중들의 사고방식이나 취향은 다양한 모습으로 변화해야만 합니다. • 대중들의 사고방식이나 취향은 다양하게 변화해야 할 필요가 있습니다. • 대중들의 생각이나 취향은 다양하게 변화하지 않으면 안 된다고 생각합니다. • 대중들의 사고방식이나 취향은 다양한 모습으로 변화해 나갈 필요성이 있습니다.

❹ 주제별 어휘 묶음

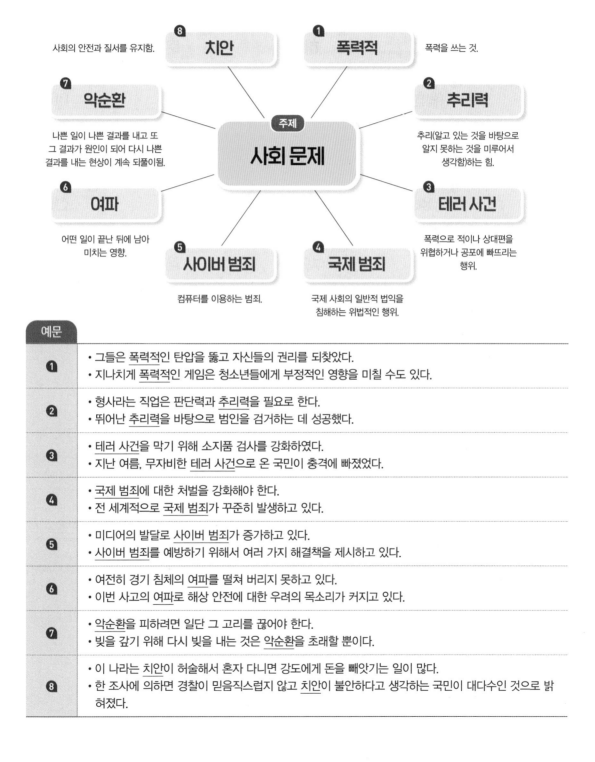

❽ 치안
사회의 안전과 질서를 유지함.

❶ 폭력적
폭력을 쓰는 것.

❼ 악순환
나쁜 일이 나쁜 결과를 내고 또 그 결과가 원인이 되어 다시 나쁜 결과를 내는 현상이 계속 되풀이됨.

주제
사회 문제

❷ 추리력
추리(알고 있는 것을 바탕으로 알지 못하는 것을 미루어서 생각함)하는 힘.

❻ 여파
어떤 일이 끝난 뒤에 남아 미치는 영향.

❸ 테러 사건
폭력으로 적이나 상대편을 위협하거나 공포에 빠뜨리는 행위.

❺ 사이버 범죄
컴퓨터를 이용하는 범죄.

❹ 국제 범죄
국제 사회의 일반적 법익을 침해하는 위법적인 행위.

예문	
❶	• 그들은 폭력적인 탄압을 뚫고 자신들의 권리를 되찾았다. • 지나치게 폭력적인 게임은 청소년들에게 부정적인 영향을 미칠 수도 있다.
❷	• 형사라는 직업은 판단력과 추리력을 필요로 한다. • 뛰어난 추리력을 바탕으로 범인을 검거하는 데 성공했다.
❸	• 테러 사건을 막기 위해 소지품 검사를 강화하였다. • 지난 여름, 무자비한 테러 사건으로 온 국민이 충격에 빠졌었다.
❹	• 국제 범죄에 대한 처벌을 강화해야 한다. • 전 세계적으로 국제 범죄가 꾸준히 발생하고 있다.
❺	• 미디어의 발달로 사이버 범죄가 증가하고 있다. • 사이버 범죄를 예방하기 위해서 여러 가지 해결책을 제시하고 있다.
❻	• 여전히 경기 침체의 여파를 떨쳐 버리지 못하고 있다. • 이번 사고의 여파로 해상 안전에 대한 우려의 목소리가 커지고 있다.
❼	• 악순환을 피하려면 일단 그 고리를 끊어야 한다. • 빚을 갚기 위해 다시 빚을 내는 것은 악순환을 초래할 뿐이다.
❽	• 이 나라는 치안이 허술해서 혼자 다니면 강도에게 돈을 빼앗기는 일이 많다. • 한 조사에 의하면 경찰이 믿음직스럽지 않고 치안이 불안하다고 생각하는 국민이 대다수인 것으로 밝혀졌다.

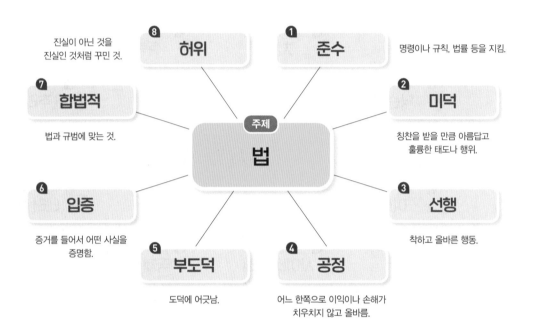

진실이 아닌 것을 진실인 것처럼 꾸민 것.

❽ 허위

❶ 준수

명령이나 규칙, 법률 등을 지킴.

❼ 합법적

법과 규범에 맞는 것.

❷ 미덕

칭찬을 받을 만큼 아름답고 훌륭한 태도나 행위.

주제

법

❻ 입증

증거를 들어서 어떤 사실을 증명함.

❸ 선행

착하고 올바른 행동.

❺ 부도덕

도덕에 어긋남.

❹ 공정

어느 한쪽으로 이익이나 손해가 치우치지 않고 올바름.

예문	
❶	• 교통 법규 <u>준수</u>는 안전한 도로 이용을 위해서 필수적인 것이다. • 어제 공사장에서 다친 인부 김 씨는 안전 수칙을 <u>준수</u>하지 않은 것으로 밝혀졌다.
❷	• 겸손하게 말하고 행동하는 것은 모든 <u>미덕</u>의 근본이다. • 남을 위해 자신을 희생하는 것이 늘 <u>미덕</u>이 되는 것은 아니다.
❸	• <u>선행</u>을 베푼 학생의 사연이 추운 겨울을 훈훈하게 만들었다. • 한 시민의 <u>선행</u>에 많은 이들의 칭찬과 응원 댓글이 이어졌다.
❹	• 이번 선거에서는 비리나 불법이 없는 <u>공정</u> 선거가 이루어졌다. • 정부에서는 <u>공정</u> 거래가 활성화되도록 가격을 속이는 등의 불공정 행위를 감시하고 있다.
❺	• 사기나 횡령 등 <u>부도덕</u> 행위를 한 국회 의원이 구속되었다. • 사회에서 범죄나 <u>부도덕</u>을 저지르는 사람은 법과 제도로 다스려 사회의 질서를 유지해야 한다.
❻	• 객관적인 <u>입증</u>이 없는 그의 주장은 공허한 말장난에 지나지 않았다. • 결백의 <u>입증</u>을 위해서 나의 알리바이를 증언해 줄 사람이 필요하였다.
❼	• 심사는 전문 평가 위원들에 의해 <u>합법적</u> 절차에 따라 이뤄졌다. • 다양한 멀티미디어를 <u>합법적</u>으로 사용할 수 있는 도서관이 개관했다.
❽	• 장난으로 소방서에 <u>허위</u> 신고를 하였다. • 실험을 하지 않았는데도 실험을 한 것처럼 <u>허위</u>로 보고서를 작성하였다.

입사해서 정년퇴직할 때까지
계속 근무하는 직장.

⑧ 평생직장

① 능률

일정한 시간 동안
할 수 있는 일의 비율.

⑦ 대우

직장에서의 지위나 급료 등의
근로 조건.

주제
직장생활

② 노사

노동자와 사용자를 함께 부르는 말.

⑥ 전략

정치, 경제 등의 사회적 활동을
하는 데 필요한 방법과 계획.

③ 시행착오

어떤 목표에 이르기 위해
시도와 실패를 되풀이하면서
점점 알맞은 방법을 찾는 일.

⑤ 조직

특정한 목적을 달성하기 위해 모인
체계 있는 집단.

④ 고용

돈을 주고 사람에게 일을 시킴.

예문	
①	• 분업을 하면 작업의 <u>능률</u>이 올라간다. • 스트레스가 많으면 일의 <u>능률</u>이 떨어지게 된다.
②	• <u>노사</u> 협약을 위해 여러 조항을 만들었다. • <u>노사</u>는 밤샘 협상 끝에 급여 인상에 대해 서로 합의하였다.
③	• <u>시행착오</u>를 수없이 겪은 이 정책은 요즘 서서히 정착하고 있다. • 우리 팀은 여러 차례의 <u>시행착오</u>를 거친 후에야 성능이 좋은 새로운 제품을 개발할 수 있었다.
④	• 새로 시작하는 국가사업은 적어도 일만 명의 <u>고용</u>을 창출할 것으로 예상된다. • 지식 기반 산업이 발전하면서 새로운 일자리가 늘어나 <u>고용</u>의 기회가 늘었다.
⑤	• <u>조직</u>이 만들어지면 곧 활발하게 활동을 시작할 것이다. • 이대로 방치하면 <u>조직</u>이 성장하기는커녕 퇴보하게 된다.
⑥	• 중간고사를 잘 보기 위해서 <u>전략</u>을 세워 공부하였다. • 우리 회사는 물건을 많이 팔기 위한 <u>전략</u> 회의를 하였다.
⑦	• 그는 부장 수준의 <u>대우</u>를 약속 받고 회사를 옮겼다. • 근로자들은 회사 측에 자신들의 <u>대우</u>를 개선해 달라고 요청하였다.
⑧	• <u>평생직장</u>으로 떠오르는 회사는 어디인지에 대한 설문 조사를 진행하였다. • 올해 입사한 그는 이 회사를 <u>평생직장</u>으로 생각하며 열심히 일하고 있다.

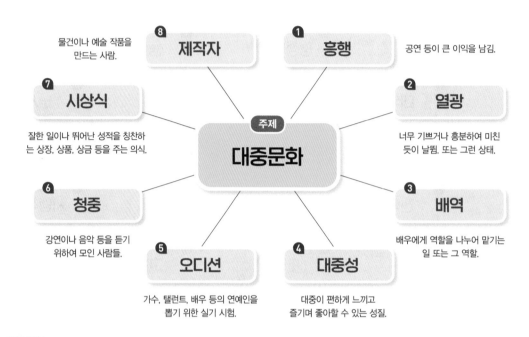

물건이나 예술 작품을 만드는 사람. — **❽ 제작자**

❶ 흥행 — 공연 등이 큰 이익을 남김.

❼ 시상식 — 잘한 일이나 뛰어난 성적을 칭찬하는 상장, 상품, 상금 등을 주는 의식.

주제 — 대중문화

❷ 열광 — 너무 기쁘거나 흥분하여 미친 듯이 날뜀. 또는 그런 상태.

❻ 청중 — 강연이나 음악 등을 듣기 위하여 모인 사람들.

❸ 배역 — 배우에게 역할을 나누어 맡기는 일 또는 그 역할.

❺ 오디션 — 가수, 탤런트, 배우 등의 연예인을 뽑기 위한 실기 시험.

❹ 대중성 — 대중이 편하게 느끼고 즐기며 좋아할 수 있는 성질.

예문	
❶	• 이번에 개봉한 영화는 흥행에 크게 성공하였다. • 흥행에 실패한 뒤로는 영화 제작을 기피하게 되었다.
❷	• 국민들이 축구에 열광하는 이유가 무엇인지 알아보았다. • 그 밴드는 전 세계의 팬들을 열광의 도가니로 몰아넣었다.
❸	• 이번 드라마의 감독은 주요 배역을 신인 배우에게 맡겼다. • 배역에 적절한 사람이 없을 때는 감독이 직접 연기를 할 때도 있다.
❹	• 클래식 음악은 예전에 비해 대중성이 확보되고 있다. • 대중성이 없는 작품은 대중들의 인기를 끌 수 없기 마련이다.
❺	• 대형 기획사는 수많은 오디션을 통해 인재를 발굴하였다. • 오디션을 통과했지만 다른 배우에게 역할을 빼앗기고 말았다.
❻	• 긴 설교에 청중은 지루한 표정으로 하품을 하였다. • 연주가 끝나자 청중은 열광적인 박수와 환호를 보냈다.
❼	• 우리 팀은 발명 경진 대회 시상식에서 금상과 함께 트로피를 수상하였다. • 이번에 우리 프로그램이 한국 방송 대상 시상식에서 특별상을 수상하였다.
❽	• 프로그램 제작자는 개편 후 새롭게 방영될 프로그램을 소개하였다. • 유명 작곡가와 유능한 음반 제작자가 합작하여 새 음반을 발매하였다.

생식 세포를 통해 자손에게
유전 정보를 전달하는 요소.

8 유전자

1 첨단

시대, 유행의 가장 앞.

7 최신형

가장 새로운 모양이나 형식.

2 정밀

아주 정확하고 꼼꼼하여
빈틈이 없고 자세함.

주제

과학 기술

6 궤도

사물이 따라서 움직이는
정해진 길.

3 결함

부족하거나 완전하지 못해서
문제가 되는 부분.

5 미생물

맨눈으로 볼 수 없는
아주 작은 생물.

4 혁신

오래된 풍속, 관습, 조직, 방법 등을
완전히 바꾸어서 새롭게 함.

예문	
1	• 그의 집은 <u>첨단</u> 시설을 갖추고 있다. • 현대인은 <u>첨단</u> 과학의 시대를 살아가고 있다.
2	• <u>정밀</u> 검사는 특별한 장소에서 진행합니다. • <u>정밀</u> 검진을 받은 후 건강에 이상이 있음을 알게 되었다.
3	• 신체적 <u>결함</u>은 어떤 사람들에게는 자존감을 상실하는 원인이 된다. • 성격상의 <u>결함</u>이 큰 경우 전문가를 만나 상담과 치료를 병행하는 것이 좋다.
4	• 새 지도자는 가장 먼저 낡은 제도를 손보아 <u>혁신</u>을 이뤄냈다. • 이 기업은 제품의 보다 빠른 공정을 위해 기술 <u>혁신</u>을 시도하였다.
5	• 비옥한 토양이란 <u>미생물</u>이 많아서 식물에 영양분을 충분히 공급해 줄 수 있는 토양이다. • 우리 실험실에서는 인체에 남아 있는 독성을 제거해 주는 좋은 <u>미생물</u>의 배양에 성공했다.
6	• 이번에 쏘아 올린 인공위성이 정상적으로 <u>궤도</u>에 진입하였다. • 지구가 태양 주위를 도는 <u>궤도</u>는 완전한 원이 아닌 타원형이다.
7	• 나는 새로 나온 <u>최신형</u> 핸드폰을 사 달라고 엄마를 졸랐다. • 친구가 산 <u>최신형</u> 컴퓨터는 우리 집 컴퓨터보다 훨씬 성능이 좋았다.
8	• 우리나라에서도 유전병을 예방하기 위한 <u>유전자</u> 검사가 실시되고 있다. • 모든 생물은 <u>유전자</u>에 의해 눈 색깔, 혈액형, 유전 질환과 같은 다양한 유전 형질을 갖고 태어난다.

어떠한 것이 일정한
기간 동안 생산되는 수량.

8 생산량

1 상승세

위로 올라가는 기세나 상태.

7 출시

상품이 시중에 나옴.
또는 상품을 시중에 내보냄.

주제
경제·경영

2 활성화

사회나 조직 등의 기능이
활발함. 또는 그러한 기능을
활발하게 함.

6 운송

사람을 태워 보내거나
물건 등을 실어 보냄.

5 빈곤

가난하여 생활하기가 어려움.

4 잠재력

밖으로 보이지 않고
속에 숨어 있는 능력이나 힘.

3 차별화

둘 이상의 대상을 각각
등급이나 수준 등의 차이를
두어 구별되게 함.

예문	
1	• 정부의 노력으로 물가의 상승세가 한풀 꺾였다. • 상승세를 타고 제품을 판매할 경로를 만들었다.
2	• 경제 활성화를 위해 기업의 세금을 줄이다. • 연극 등 공연 문화의 활성화로 소극장이 많이 설립되었다.
3	• 기존 영화관 서비스와의 차별화를 시도하였다. • 서비스의 차별화를 위한 창의적인 아이디어가 필요하다.
4	• 잠재력을 가진 인재를 발견하고 양성한다. • 인구가 많은 나라는 잠재력이 큰 수출 시장이다.
5	• 이 단체는 빈곤 가정 아동들에게 식사를 제공하고 있다. • 경기 침체가 계속되면서 빈곤 가정의 수가 크게 증가했다.
6	• 주문한 그릇이 운송 중에 파손되어 운송 회사에서 그릇을 배상했다. • 피해 지역에 엄청난 양의 눈이 쏟아지면서 구호물자 운송에 차질이 빚어지고 있다.
7	• 우리 회사는 경쟁 회사에 맞춰 신제품 출시를 서둘렀다. • 대리점은 새로운 휴대 전화의 출시를 앞두고 주문 예약을 받았다.
8	• 올해는 작년보다 쌀 생산량이 크게 늘었다. • 기계가 사람을 대신하면서 생산량도 증가하였다.

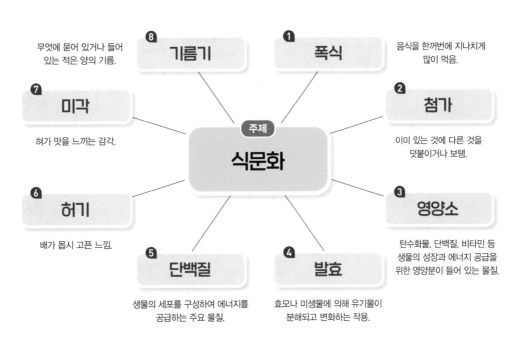

무엇에 묻어 있거나 들어 있는 적은 양의 기름.

⑧ 기름기

① 폭식

음식을 한꺼번에 지나치게 많이 먹음.

⑦ 미각

허가 맛을 느끼는 감각.

② 첨가

이미 있는 것에 다른 것을 덧붙이거나 보탬.

주제

식문화

⑥ 허기

배가 몹시 고픈 느낌.

③ 영양소

탄수화물, 단백질, 비타민 등 생물의 성장과 에너지 공급을 위한 영양분이 들어 있는 물질.

⑤ 단백질

생물의 세포를 구성하여 에너지를 공급하는 주요 물질.

④ 발효

효모나 미생물에 의해 유기물이 분해되고 변화하는 작용.

예문	
❶	• 폭식은 건강을 해치는 법이니 유의합시다. • 폭식을 피하기 위해 식사 도중 잠깐씩 쉬기도 한다.
❷	• 식품에 약간의 방부제를 첨가하다. • 출판사는 책에 그 내용을 첨가하여 새로 판매하기로 했다.
❸	• 비타민은 어린아이의 성장에 꼭 필요한 영양소이다. • 대부분의 채소는 물에 삶으면 영양소가 손실되므로 되도록 그대로 먹는 것이 좋습니다.
❹	• 막걸리와 맥주는 대표적인 곡물 발효 음료이다. • 김치와 요구르트, 치즈는 모두 발효를 통해 만든 식품이다.
❺	• 성장기 아이일수록 단백질이 많이 필요하다. • 단백질을 보충하기 위해서는 적당한 양의 육류를 섭취하는 것이 좋다.
❻	• 민준이는 허겁지겁 라면으로 허기를 채웠다. • 지수는 심한 허기를 느끼고 밥을 차려 먹었다.
❼	• 커피의 향긋함이 후각뿐만 아니라 미각도 자극했다. • 사람들은 후각에 의해 냄새를 맡고, 미각에 의해 음식을 맛본다.
❽	• 지수는 다이어트를 하느라 기름기를 뺀 고기만 먹었다. • 나는 한약을 먹고 있어서 튀김과 같이 기름기가 있는 음식은 피하고 있다.

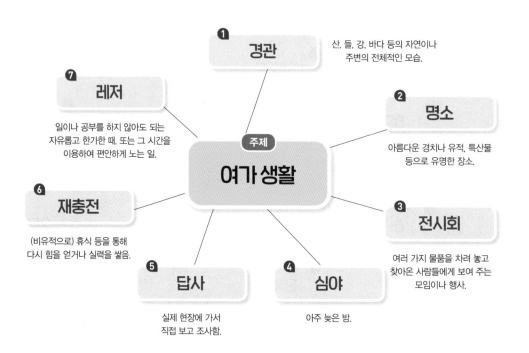

① **경관**
산, 들, 강, 바다 등의 자연이나 주변의 전체적인 모습.

⑦ **레저**
일이나 공부를 하지 않아도 되는 자유롭고 한가한 때. 또는 그 시간을 이용하여 편안하게 노는 일.

주제
여가 생활

② **명소**
아름다운 경치나 유적, 특산물 등으로 유명한 장소.

⑥ **재충전**
(비유적으로) 휴식 등을 통해 다시 힘을 얻거나 실력을 쌓음.

③ **전시회**
여러 가지 물품을 차려 놓고 찾아온 사람들에게 보여 주는 모임이나 행사.

⑤ **답사**
실제 현장에 가서 직접 보고 조사함.

④ **심야**
아주 늦은 밤.

예문	
①	• 지리산은 가을 경관이 멋있기로 유명하다. • 경관이 빼어난 곳에 등산객들이 몰리는 법이다.
②	• 한국에 온 외국인 손님들과 여러 관광 명소를 다녔다. • 관광 명소에 가면 어떤 의미가 있는 장소인지 안내문을 살펴본다.
③	• 나는 전쟁 기념관에서 한국 전쟁 관련 전시회를 관람하였다. • 올해 졸업자들의 우수 작품은 졸업 작품 전시회에서 볼 수 있다.
④	• 민준이는 심야에 산책하며 별을 보는 것을 즐겼다. • 어둡고 조용한 심야에 혼자 길을 걷게 되어 겁이 났다.
⑤	• 선생님들은 수학여행을 가기 전에 사전 답사를 다녀왔다. • 역사학과에서는 매 학기에 역사 유적지에 가서 자료 조사를 하는 답사를 떠난다.
⑥	• 그는 주말이 되면 등산을 하며 활력을 찾기 위한 재충전의 시간을 갖는다. • 회사는 야근에 시달린 전 직원들에게 재충전을 할 수 있는 휴가를 주었다.
⑦	• 많은 연예인들이 레저 스포츠를 취미로 선택한다. • 요즘 여가 산업이 발달하면서 레저 회사에서 대규모로 직원을 채용하고 있다.

뼈와 뼈가 서로 맞닿아
이어지는 부분.

8 관절

1 칼로리

열량의 단위.

7 성인병

고혈압, 당뇨병, 동맥 경화증 등
중년 이후의 사람들에게 생기는
여러 가지 병.

2 질환

몸에 생기는 온갖 병.

주제
보건·의료

6 수면

잠을 자는 일.

3 위생

건강에 이롭거나 도움이 되도록
조건을 갖추거나 대책을
세우는 일.

5 건망증

경험한 일을 기억하지 못하거나
잘 잊어버리는 증상.

4 식습관

음식을 먹는 것과 관련된 습관.

예문	
1	• 중간 정도 크기의 감자 한 알은 110칼로리밖에 안 된다. • 지수는 매일 사십 분 동안 운동하여 사백 칼로리를 소모하기로 했다.
2	• 동생은 호흡기 질환이 있어서 달리기를 하면 숨쉬기를 힘들어한다. • 나는 만성적인 위장 질환 때문에 자주 속이 쓰리고 소화가 안 된다.
3	• 구청에서는 식중독을 예방하기 위해 집단 급식의 위생 점검을 실시하였다. • 감기 예방을 위해서는 개인의 위생을 철저히 하고 따뜻한 물을 자주 마셔야 한다.
4	• 식탁 예절과 식습관은 문화권마다 다양하다. • 나는 어려서부터 짠맛을 좋아해서 건강에 나쁜 식습관을 갖게 되었다.
5	• 어머니는 건망증에 걸려 자꾸 깜빡깜빡하신다. • 나는 건망증이 왔는지 요새 계속 할 일을 잊어버린다.
6	• 규칙적인 수면 습관을 갖는 것이 건강에 좋다. • 충분한 수면을 취하는 것은 감기를 예방하는 데 도움이 된다고 한다.
7	• 아버지는 성인병을 예방하기 위해 매일 운동을 하신다. • 술을 많이 마시거나 과식을 하는 사람은 성인병에 걸릴 확률이 높다.
8	• 할머니께서는 비만 오면 관절이 쑤신다고 하셨다. • 승규는 무릎 관절에 통증을 느껴 정형외과를 찾았다.

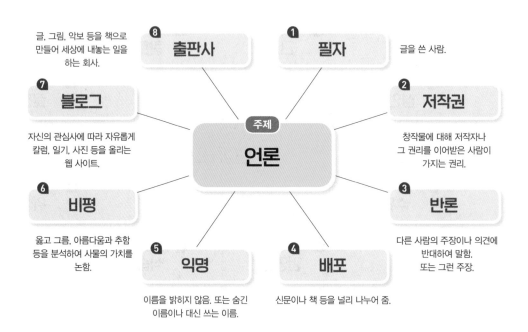

글, 그림, 악보 등을 책으로 만들어 세상에 내놓는 일을 하는 회사.

8 출판사

1 필자

글을 쓴 사람.

7 블로그

자신의 관심사에 따라 자유롭게 칼럼, 일기, 사진 등을 올리는 웹 사이트.

주제
언론

2 저작권

창작물에 대해 저작자나 그 권리를 이어받은 사람이 가지는 권리.

6 비평

옳고 그름, 아름다움과 추함 등을 분석하여 사물의 가치를 논함.

5 익명

이름을 밝히지 않음. 또는 숨긴 이름이나 대신 쓰는 이름.

4 배포

신문이나 책 등을 널리 나누어 줌.

3 반론

다른 사람의 주장이나 의견에 반대하여 말함. 또는 그런 주장.

예문	
❶	• 이 책에는 <u>필자</u>의 생각과 전문가의 의견이 들어 있다. • 기자는 책의 <u>필자</u>에게 연락을 해 인터뷰 약속을 잡았다.
❷	• 이 책의 <u>저작권</u>은 출판사에게 있다. • 저작자가 사망한 뒤에도 <u>저작권</u>은 보호를 받는다.
❸	• 그는 사람들에게 돈보다 사람의 생명이 더 중요하다고 <u>반론</u>하였다. • 환경 보호를 위해 아파트 건축을 취소하자는 주장에 많은 <u>반론</u>이 제기되었다.
❹	• 책자를 전국의 서점에 <u>배포</u>하였다. • 홍보용 책자를 만들어 유동 인구가 많은 곳에서 <u>배포</u>하였다.
❺	• <u>익명</u>의 제보자가 한 국회 의원의 비리를 방송국에 제보하였다. • 한 해도 거르지 않고 매년 <u>익명</u>으로 기부를 실천해 온 시민이 있다.
❻	• 나는 이 평론가의 날카로운 <u>비평</u>에 매료되었다. • 이 연극은 원작에 크게 못 미친다는 <u>비평</u>을 받고 있다.
❼	• 영수는 매일 <u>블로그</u>에 자신이 한 요리의 사진을 올린다. • 그의 <u>블로그</u>는 사소한 일상의 기록이지만, 많은 사람의 공감을 얻어 인기를 끌었다.
❽	• 나는 <u>출판사</u>에 근무하면서 많은 소설가들을 만났다. • <u>출판사</u>로부터 지금까지 쓴 시들을 모아 출판하지 않겠느냐는 전화가 왔다.

자, 이제 '쓰기' 영역에 자신감이 좀 붙으셨나요?

지금까지 배운 글 쓰기 방법과 기술에 중급과 고급 수준에 맞는 문법을 적용하기만 하면 쓰기 고득점은 여러분의 것입니다. 열심히 '나만의' 다양한 문장들을 쓰고 또 써 보세요. 〈에듀윌 한국어능력시험 QUICK TOPIK II 쓰기〉에는 '쓰기' 영역 연습에 필요한 모든 것이 담겨 있어요.

❶ 문장 쓰기가 힘들다면?

지금까지 배운 '쓰기의 기술'을 떠올리며 책에 수록된 문제의 답안을 직접 써 보세요.

❷ 주제가 잘 이해되지 않는다면?

본문의 '1단계 이해하기'에서 '유형 분석'과 '풀이 전략 및 모범 답안'을 참고하여 글의 주제와 목적을 파악하는 연습을 해 보세요.

❸ 문법이 부족하다면?

본문의 '유형 돋보기 이론'과 '모범 답안', '답안 길잡이'를 통해 쓰기 영역에서 주로 활용할 수 있는 문법을 학습하세요.

❹ 어휘가 부족하다면?

부록으로 제공되는 '등급 UP 어휘&문법'의 주제별 어휘와 자주 출제되는 중요 어휘를 중점적으로 학습해 보세요.

여러분의 고민거리였던 '쓰기' 영역, 이제 한입에 끝낼 수 있습니다!

아는 세계에서 모르는 세계로 넘어가지 않으면
우리는 아무것도 배울 수 없다.

– 클로드 베르나르(Claude Bernard)

실용문 빈칸에 알맞은 말 쓰기

1

Q 기출 60회 쓰기 51번
다음 글의 ㉠과 ㉡에 들어갈 알맞은 말을 각각 쓰시오.

 목표 풀이 시간 5분

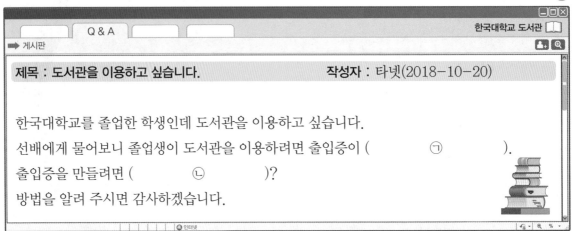

제목 : 도서관을 이용하고 싶습니다.　　　　　작성자 : 타넷(2018-10-20)

한국대학교를 졸업한 학생인데 도서관을 이용하고 싶습니다.
선배에게 물어보니 졸업생이 도서관을 이용하려면 출입증이 (　　　㉠　　　).
출입증을 만들려면 (　　　㉡　　　)?
방법을 알려 주시면 감사하겠습니다.

🖐 개선 전 발문에서는 '㉠과 ㉡에 들어갈 말을 각각 한 문장으로 쓰시오.'라고 제시되었습니다.
본 교재에서는 앞으로의 시험 대비를 위해 개선된 발문으로 수록하였습니다.

유형 분석

☑ **51번 유형** '실용문 빈칸에 알맞은 말 쓰기'는 빈칸에 들어갈 적절한 내용을 '짧은 문장'으로 쓰는 유형입니다.

☑ 광고, 이메일, 문자 메시지, 게시판, 안내문 등의 실용문이 출제됩니다.

☑ 빈칸에 들어갈 내용은 문장 성분의 호응을 고려하여 작성해야 합니다.

☑ 실용문을 쓴 사람이 읽는 사람에게 어떤 내용을 전달하고 싶은지 생각해 보아야 합니다.

☑ 빈칸의 앞과 뒤의 내용을 잘 살펴본 후 내용이 자연스럽게 연결되도록 답을 작성해야 합니다.

풀이 전략 및 모범 답안

글의 주제와 목적 파악	이 글을 쓴 사람은 도서관을 이용하고 싶어 합니다. 그래서 도서관을 이용할 수 있는 출입증을 만드는 방법을 알고 싶어 합니다.

▼

앞뒤 문장 확인	⊙ '도서관을 이용하려면 출입증이'라는 내용을 보고 출입증의 발급과 관련한 문장을 만들어야 함을 알 수 있습니다. ⓒ '출입증을 만들려면'을 보고 출입증을 만들기 위한 방법을 물어보는 문장으로 완성해야 함을 알 수 있습니다. 빈칸 뒤의 '방법을 알려 주시면'도 중요한 힌트가 됩니다.

▼

답안 작성	▌모범 답안 ⊙ 필요하다고 합니다 / 있어야 한다고 합니다 ⓒ 어떻게 해야 합니까 / 어떻게 해야 됩니까 ▌답안 길잡이 학교를 졸업한 후에 도서관을 이용하기 위한 출입증을 만들려면 어떻게 해야 하는지 묻고 있습니다. 출입증을 만드는 방법과 관련하여 적절한 질문을 만들어야 합니다.

▼

작성한 답안 점검	⊙ '–하려면 –하다고 하다, –하려면 –한다고 하다'의 호응이 이루어지도록 작성하였습니다. ⓒ '–려면 –해야 합니까, –려면 –해야 됩니까'의 호응이 이루어지도록 작성하였습니다. '–(으)려면 –해야 합니다' 표현을 사용한 예문 • 버스를 타려면 버스 정류장에 가야 합니다. • 한국어를 잘하려면 말하기 연습을 해야 합니다. • 학생증을 만들려면 학생 종합 센터에 가야 합니다. • 좋은 경영자가 되려면 직원들과 소통을 자주 해야 합니다.

❶ 51번 유형 안내

이 문항은 토픽 쓰기 영역의 4문제 중 가장 기초적인 유형입니다. 4~5개의 문장으로 이루어진 실용문을 읽고 전체적인 내용을 파악한 뒤, 2개의 빈칸에 들어갈 알맞은 말을 짧은 문장으로 써야 합니다. 이때 제시되는 글의 형태는 광고, 공고문, 이메일, 문자 메시지, 인터넷 게시판 등으로 다양하며, 보통 '제목 – 본문 – 끝인사(끝내는 말)'의 3단 구성을 취합니다.

제목	신문 광고, 전단지, 공고문 등을 시작하는 말 ◉ '안녕하세요!', '알려 드립니다.', '○○ 대학교입니다.' 등
본문	일상생활과 관련된 다양한 내용을 서술한 3~4개의 짧은 문장 ◉ 잃어버린 물건(동물) 찾기, 집(방) 구하기, 공사 안내, 구인 공고, 회원 모집, 이전/변경 안내 등
끝인사(끝내는 말)	글을 마무리하는 간단한 문장 ◉ '모두 어서 오세요!', '기다리겠습니다!', '고맙습니다.' 등

❷ 51번 유형 접근법

① 제목을 읽고, 글을 쓴 목적 파악하기

쓰기 51번은 제목만 잘 보아도 글을 쓴 목적을 알기 쉽습니다. 출제 경향을 분석해 보면 글의 제목에서는 빈칸이 나오지 않기 때문에, 제목에서 핵심 정보를 얻을 수 있습니다. 글의 제목을 보면 이 글이 어떤 상품을 광고하고 있는지, 무언가를 찾고 있는지, 무엇을 안내하고 있는지 등을 알 수 있습니다.

◉ 신제품이 나왔습니다! ← 광고문

　　장소 이전 안내 ← 안내문

② 자주 나오는 주제의 주제어(keyword) 외우기

쓰기 51번 문제에 자주 나오는 주제는 '잃어버린 물건(동물) 찾기, 공사 안내, 버스 노선 변경 안내, 회원 모집' 등입니다. 따라서 안내, 공사, 이전, 변경, 모집 등과 관련된 기본적인 주제어를 외워 두면, 글의 주제를 쉽게 파악하여 답을 적을 수 있습니다. 자주 나오는 주제와 관련된 어휘나 문법 표현들을 함께 알아 두면 더욱 좋습니다.

③ 빈칸의 앞뒤 문장에 주목하기

단락을 이루는 문장들은 하나의 주제를 가지고 짜임새 있게 연결되어 있습니다. 따라서 채워야 할 빈칸의 내용 역시 반드시 앞뒤의 문장과 밀접한 관계가 있습니다. 또한, 글의 내용이 자연스럽게 이어지도록 작성할 수 있는지가 중요하므로, 어려운 표현을 사용하려고 애쓰기보다는 머릿속에 떠오르는 내용으로 빈칸을 채우는 것이 중요합니다.

❶ 주요 어휘

어휘	길잡이 말	어휘	길잡이 말	어휘	길잡이 말
가게	에 가다	만약	만약의 경우	사용	사용 기간
간단하다	간단한 설명	모든	모든 사람	상품	을 팔다
거의	거의 없다	바뀌다	새것으로 바꾸다	아르바이트	를 구하다
결혼	을 하다	박물관	을 구경하다	안내문	을 받다
농구	농구 경기	방법	사용 방법	왜냐하면	−기 때문이다
대학	에 들어가다	부르다	친구를 부르다	팔다	책을 팔다
도착	도착 시간	부탁	을 받다	행사	에 참여하다
편리	고객의 편리	카메라	로 찍다	축하	축하 파티
편안	편안한 느낌	친절	을 베풀다	처음	시작하다

❷ 주요 문법

문법	예
−(으)려면	가려면, 이동하려면, 구입하려면, 이용하려면, 사용하려면, 지원하려면, 신청하려면 등
−ㄴ/은/는	필요한, 싼, 새로운, 즐거운, 좋은, 모르는, 재미있는, 원하는, 구하는, 찾는 등
−아/어/여서	모아서, 몰라서, 남아서, 없어서, 있어서, 어려워서, 모여서, 시작해서, 필요해서 등
−ㅂ/습니다	모집합니다, 감사합니다, 죄송합니다, 드립니다, 바랍니다, 아쉽습니다, 찾습니다 등
−ㄴ/은/는데	어려운데, 쉬운데, 준비했는데, 결혼하는데, 모집하는데, 개업하는데, 시작하는데 등

❸ 자주 나오는 주제 및 표현

주제	표현
모집 안내	㉠ 회원을 모집합니다. / 수강생을 모집합니다. ㉡ 어려울 것 같다고요? / 한 번도 해 본 적이 없어서 걱정되시나요?
공사 · 변경 안내	㉠ 공사가 진행됩니다. / 수업 시간이 변경되어 안내해 드립니다. ㉡ 잘 확인해 보시기 바랍니다. / 착오가 없도록 잘 살펴보시기 바랍니다.
물건 나눔	㉠ 필요 없는 물건을 나눠 드립니다. / 이 물건들을 무료로 드리려고 합니다. ㉡ 필요하신 분들은 연락 바랍니다. / 필요한 물건이 있으면 와서 가져가세요.
부탁	㉠ 노트북을 찾으러 가 줄 수 있으십니까? / 청소를 해 주실 수 있나요? ㉡ 부탁드려서 죄송합니다. / 귀찮게 해 드려서 죄송합니다.

2단계 연습하기

01 다음 글의 ㉠과 ㉡에 알맞은 말을 각각 쓰시오.

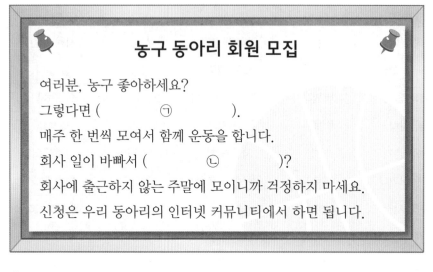

농구 동아리 회원 모집

여러분, 농구 좋아하세요?

그렇다면 (　　　　　　㉠　　　　　　).

매주 한 번씩 모여서 함께 운동을 합니다.

회사 일이 바빠서 (　　　　　㉡　　　　　)?

회사에 출근하지 않는 주말에 모이니까 걱정하지 마세요.

신청은 우리 동아리의 인터넷 커뮤니티에서 하면 됩니다.

㉠ _____

㉡ _____

▌모범 답안

㉠ 우리 동아리로 오세요 / 우리 동아리에서 함께 운동해요 / 우리 동아리에서 함께 농구를 합시다

㉡ 운동할 시간이 없다고요 / 농구할 시간이 없으신가요 / 평일에는 운동을 할 시간이 나지 않는다고요

▌답안 길잡이

㉠ 제목에서 농구 동아리 회원을 모집한다고 했으므로, '농구를 좋아하면 자신들의 동아리로 들어오라'는 홍보의 내용이 담긴 문장을 완성해야 합니다.

㉡ '회사에 출근해야 하기 때문에 운동을 할 시간이 없느냐'는 내용이 와야 빈칸 뒤의 문장과 연결이 자연스럽습니다.

선생님과 함께하는
어휘·문법✚

✎ **회원**
어떤 모임을 이루는 사람.
㉠ 우리 산악회 회원들은 한 달에 한 번 같이 등산을 간다.
✦**동호회** 같은 취미를 가지고 함께 즐기는 사람들의 모임.
㉠ 우리는 뮤지컬 동호회에서 만나 공연을 함께 보면서 친해졌다.

✎ **모집**
사람이나 작품, 물건 등을 일정한 조건에 맞게 널리 알려 뽑거나 모음.
㉠ 방송국에서 신입 아나운서 모집 공고를 냈다.
✦**접수** 신청이나 신고 등을 말이나 문서로 받음.
㉠ 접수가 시작되어 일단 번호표를 받고 기다리는 중이다.

✎ **모이다**
여러 사람이 한곳에 오게 되거나 한 단체에 들게 되다.
㉠ 수강생들이 모이다.
✦**거두다** 익은 곡식이나 열매를 모아서 가져오다.
㉠ 곡식을 거두다.

✎ **신청**
단체나 기관 등에 어떤 일을 해 줄 것을 정식으로 요구함.
㉠ 마라톤 대회 참가 신청은 이번 주말까지 받습니다.
✦**지원** 어떤 조직에 들어가거나 일을 맡기를 원함.
㉠ 토론 동아리에 들어가고 싶은데 지원 마감이 언제예요?

02 다음 글의 ⊙과 ⓒ에 알맞은 말을 각각 쓰시오.

버스 노선 변경 안내

안녕하십니까? ○○ 버스입니다.

이번에 (　　　　　⊙　　　　　).

내일부터는 버스가 가는 방향이 (　　　　　ⓒ　　　　　).

그렇지 않으면 버스를 타고 다른 곳으로 잘못 갈 수도 있습니다.

늘 편안하게 여러분을 모시는 ○○ 버스가 되겠습니다.

감사합니다.

⊙ _____

ⓒ _____

✎ **노선**
버스, 기차, 비행기 등이 정기적으로 오가는 일정한 두 지점 사이의 정해진 길.
㉠ 이 역은 두 개의 지하철 노선이 만나는 곳이라 교통이 편리하다.

✦ **경로** 지나가는 길.
㉠ 경로를 따라가다.

✎ **변경**
다르게 바꾸거나 새롭게 고침.
㉠ 수강 신청 내역은 언제까지 변경할 수 있나요?

✦ **수정** 잘못된 것을 바로잡거나 다듬어서 바르게 고침.
㉠ 수정이 필요하다.

✎ **편안하다**
몸이나 마음이 편하고 좋다.
㉠ 시험에 합격하고 나니 그동안의 긴장이 사라지면서 마음이 편안했다.

✦ **긴장하다** 몸의 근육이나 신경이 지속적으로 움츠러들거나 흥분하다.
㉠ 다리가 긴장하다.

🖊 모범 답안

⊙ 버스 노선이 바뀌었습니다 / 버스가 다니는 길이 바뀌게 되었습니다 / 버스 노선이 변경되었습니다

ⓒ 타기 전에 버스가 어디로 가는지 잘 확인하세요 / 타기 전에 버스 노선을 꼭 확인해 보세요 / 탑승 전에 버스가 행선지에 가는지 꼭 확인하시기 바랍니다

🖊 답안 길잡이

⊙ 제목을 보고 '버스 노선 변경'에 대해 안내하고 있음을 파악한 후, '변경하다'와 비슷한 의미를 가진 어휘를 활용하여 문장을 완성하면 됩니다.

ⓒ 버스 노선이 바뀌므로, 버스 노선에 자신이 가려고 하는 목적지가 있는지를 확인하라는 내용이 담긴 문장이 와야 합니다.

03 다음 글의 ㉠과 ㉡에 알맞은 말을 각각 쓰시오.

선생님과 함께하는
어휘·문법 ✦

> ### 잃어버린 카메라를 찾습니다!
>
> 제가 지난주 금요일에 도서관에서 카메라를 잃어버렸습니다.
> 그 카메라는 저에게 (㉠   ).
> 그래서 꼭 찾고 싶습니다.
> 제 전화번호는 010-****-****입니다.
> 혹시 카메라를 발견하셨거나 습득하신 분은
> (㉡   ).
> 연락을 기다리고 있겠습니다. 감사합니다.

㉠ _____

㉡ _____

✎ **잃어버리다**
가졌던 물건을 흘리거나 놓
쳐서 더 이상 갖지 않게 되다.
例 친구가 지갑을 잃어버렸
다면서 내게 돈을 빌렸다.
✦ **잊어버리다** 한번 알았던
것을 모두 기억하지 못하
거나 전혀 기억해 내지
못하다.
例 비밀번호를 잊어버리다.
✦ **분실하다** 자기도 모르게
물건을 잃어버리다.
例 책상 서랍의 열쇠를
분실하였다.

✎ **혹시**
그러할 리는 없지만 만약에.
例 이번 대회에서 혹시 이
기지 못한다고 하더라도
끝까지 희망을 놓지 않
을 것이다.
✦ **결코** 어떤 일이나 경우
에도 절대로.
例 결코 포기하지 않다.

✎ **습득하다**
무엇을 주워서 얻다.
例 그는 화장실에서 습득한
가방을 경비실에 맡겼다.
✦ **수집하다** 흩어져 있던
것을 거두어 모으다.
例 재활용품을 수집하다.

▌ **모범 답안**

㉠ 소중한 물건입니다 / 꼭 필요한 물건입니다 / 잊을 수 없는 추억을 가져다준 물
건입니다

㉡ 이 번호로 꼭 연락해 주세요 / 저에게 연락해 주시기 바랍니다 / 연락을 부탁드
립니다

▌ **답안 길잡이**

㉠ 빈칸 다음 문장에서 '그래서 꼭 찾고 싶습니다'고 말하고 있으므로, 카메라를
찾고 싶어 하는 이유가 들어가야 합니다.

㉡ 빈칸 앞에 글쓴이의 전화번호가 나오고, 빈칸 뒤에서는 연락을 기다리고 있겠
다고 했으므로, 자신에게 연락해 달라는 내용이 와야 합니다.

04 다음 글의 ㉠과 ㉡에 알맞은 말을 각각 쓰시오.

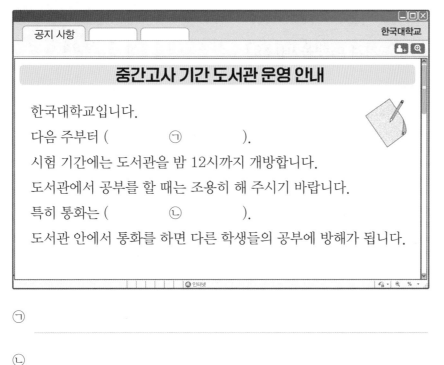

중간고사 기간 도서관 운영 안내

한국대학교입니다.
다음 주부터 (㉠   ).
시험 기간에는 도서관을 밤 12시까지 개방합니다.
도서관에서 공부를 할 때는 조용히 해 주시기 바랍니다.
특히 통화는 (㉡   ).
도서관 안에서 통화를 하면 다른 학생들의 공부에 방해가 됩니다.

㉠ _____

㉡ _____

선생님과 함께하는 어휘·문법➕

🖊 기간
어느 일정한 때부터 다른 일정한 때까지의 동안.
🔵 요즘 시험 기간이라 공부해야 돼서 같이 영화 보러 가기는 힘들겠어.
➕ **시기** 어떤 일을 하는 데에 알맞은 때나 적당한 기회.
🔵 치아 교정은 시기를 놓치지 않는 것이 중요하다.

🖊 개방하다
자유롭게 들어가거나 이용할 수 있도록 열어 놓다.
🔵 우리 학교는 창고를 휴게실로 고쳐서 학생들에게 개방하였다.
➕ **폐쇄하다** 문이나 출입구 등을 드나들지 못하도록 닫거나 막아 버리다.
🔵 등산로를 폐쇄하다.

🖊 특히
보통과 다르게.
🔵 어제 본 영화는 최근에 본 영화 중에서도 특히 재미있었다.
➕ **꽤** 예상이나 기대 이상으로 상당히.
🔵 꽤 무겁다.

🖊 방해
일이 제대로 되지 못하도록 간섭하고 막음.
🔵 방해가 되다.
   방해를 받다.
➕ **간섭** 직접 관계가 없는 남의 일에 참견함.
🔵 간섭을 싫어하다.

📑 모범 답안

㉠ 중간고사 기간입니다 / 중간고사가 시작됩니다 / 중간고사가 실시될 예정입니다

㉡ 밖에서 해야 합니다 / 밖에서 해 주시기 바랍니다 / 나중에 하거나 건물 밖에 나가서 해 주십시오

📑 답안 길잡이

㉠ '중간고사 기간 도서관 운영 안내'라는 제목을 통해 중간고사 실시를 알리는 내용이 와야 함을 알 수 있습니다.

㉡ 빈칸 뒤의 문장에서 도서관 안에서 통화를 하면 안 되는 이유를 설명하고 있으므로, 빈칸에는 도서관 건물 안에서 통화를 금지한다는 내용이 들어가야 합니다.

05 다음 글의 ㉠과 ㉡에 알맞은 말을 각각 쓰시오.

즐거운 기차 여행을 떠나요!

요즘 날씨가 정말 좋은데요.
어딘가로 (　　　　㉠　　　　)?
이럴 때 기차를 타고 부산으로 놀러 가 보세요.
이동하는 데 시간이 (　　　　㉡　　　　)?
걱정하지 않아도 됩니다.
기차를 타면 3시간밖에 걸리지 않아요.
편안하고 빠르게 여행을 떠나보세요!

㉠ _____

㉡ _____

▌ 모범 답안

㉠ 여행을 가고 싶지 않나요 / 놀러 가고 싶지 않으세요 / 훌쩍 떠나고 싶지 않으
신가요

㉡ 오래 걸리면 갈 수 없다고요 / 너무 오래 걸리지 않느냐고요 / 많이 걸릴 것 같
아 걱정이라고요

▌ 답안 길잡이

㉠ 빈칸의 앞뒤 문장을 보면, 날씨가 좋으니 부산으로 놀러 가 보라는 내용이므로
어딘가로 놀러 가고 싶지 않느냐는 내용이 와야 합니다.

㉡ 빈칸 뒤에 기차를 타면 시간이 오래 걸리지 않으니 걱정하지 말라는 내용이 이
어지고 있습니다. 따라서 빈칸에는 이동 시간을 걱정하는 내용이 와야 합니다.

06 다음 글의 ㉠과 ㉡에 알맞은 말을 각각 쓰시오.

한국대학교 기숙사 화장실 사용 안내

화장실은 우리 모두가 함께 사용하는 공간입니다.
그런데 요즘 화장실이 (㉠   ).
휴지를 아무 곳에나 버리는 학생들이 많기 때문입니다.
사용한 휴지는 (㉡   ).
여러분의 작은 실천이 모여 깨끗한 화장실을 만듭니다.

㉠ _____

㉡ _____

▌ 모범 답안

㉠ 많이 더럽습니다 / 너무 지저분합니다 / 더럽다는 신고가 많이 들어옵니다 / 더러워서 학생들의 불만이 많습니다

㉡ 쓰레기통에 버려 주십시오 / 꼭 쓰레기통에 버리십시오 / 반드시 휴지통에 버려 주시기 바랍니다

▌ 답안 길잡이

㉠ 휴지를 아무 곳에나 버리는 학생들이 많아서 현재 화장실이 더럽고 지저분하다는 내용이 와야 합니다.

㉡ 깨끗한 화장실을 만들기 위해 휴지를 '쓰레기통에 버리자' 등의 내용이 와야 됩니다.

선생님과 함께하는
어휘·문법 ✚

∅ **공간**
어떤 일을 하기 위한 특정한 장소.
⑩ 제대로 된 학습 공간이 필요하다.
✚ **장소** 어떤 일이 일어나는 곳. 또는 어떤 일을 하는 곳.
⑩ 나는 친구들과 다음에 만날 시간과 장소를 약속하고 집으로 돌아왔다.

∅ **아무**
정해지지 않은 어떤 사람이나 사물 등을 가리킬 때 쓰는 말.
⑩ 아무 책이나 가져오너라.
✚ **어느** 확실하지 않거나 분명하게 말할 필요가 없는 사물, 사람, 때, 곳 등을 가리키는 말.
⑩ 옛날 어느 마을에 한 가족이 살았습니다.
✚ **어떤** 굳이 말할 필요가 없는 대상을 뚜렷하게 밝히지 않고 나타낼 때 쓰는 말.
⑩ 기차 안에서 어떤 아이를 만났다.

∅ **실천**
이론이나 계획, 생각한 것을 실제 행동으로 옮김.
⑩ 처음부터 실천 가능한 계획을 세웠어야지.
✚ **행동** 몸을 움직여 어떤 일이나 동작을 함.
⑩ 웃어른에게 인사를 안 하는 건 버릇없는 행동이야.

3단계 정복하기

01 다음 글의 ㉠과 ㉡에 알맞은 말을 각각 쓰시오.

한국어 말하기 대회 안내

안녕하세요?

저희 학교에서 외국인 학생을 대상으로 (㉠).

대회는 월요일 9시에 한국관 1층에서 열립니다.

참가한 모든 학생에게는 (㉡) 드립니다.

많은 학생들이 말하기 대회를 즐기고 선물도 받아가기를 바랍니다.

㉠ _____

㉡ _____

기출 64회 쓰기 51번
02 다음 글의 ㉠과 ㉡에 알맞은 말을 각각 쓰시오.

수미 씨, 그동안 고마웠습니다.

저는 다음 달이면 홍콩으로 일을 (㉠).

제가 원하는 회사에 취직을 해서 기쁘지만

수미 씨를 자주 못 볼 것 같아 아쉽습니다.

선물을 준비했는데 선물이 수미 씨 마음에 (㉡).

㉠ _____

㉡ _____

03 다음 글의 ㉠과 ㉡에 알맞은 말을 각각 쓰시오.

아르바이트 모집 안내

안녕하세요? 'OO 커피'입니다.

이번에 저희 가게에서 (㉠   ).

근무 시간은 손님이 많은 오전 11시부터 오후 3시까지입니다.

커피를 만들 줄 모른다고요?

커피를 만드는 방법은 다 (㉡   ) 드리니 걱정하지 마십시오.

아르바이트를 하고 싶은 분은 'OO 커피' 가게로 와 주십시오.

㉠ _____

㉡ _____

04 다음 글의 ㉠과 ㉡에 알맞은 말을 각각 쓰시오.

빨리 이사하고 싶어요!

안녕하세요? 한국대학교 학생입니다.

살고 있는 집의 계약 기간이 끝나 (㉠   ).

월세는 50만 원까지 낼 수 있습니다.

지금 살고 있는 집은 지하철역과 너무 (㉡   ) 힘들었습니다.

그래서 이번에는 학교에서 가까운 집을 찾고 있습니다.

좋은 방이 있으면 꼭 연락해 주십시오. 감사합니다.

㉠ _____

㉡ _____

05 다음 글의 ㈀과 ㈁에 알맞은 말을 각각 쓰시오.

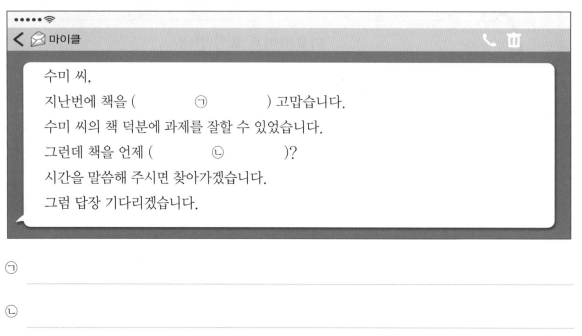

㈀ _____

㈁ _____

06 다음 글의 ㈀과 ㈁에 알맞은 말을 각각 쓰시오.

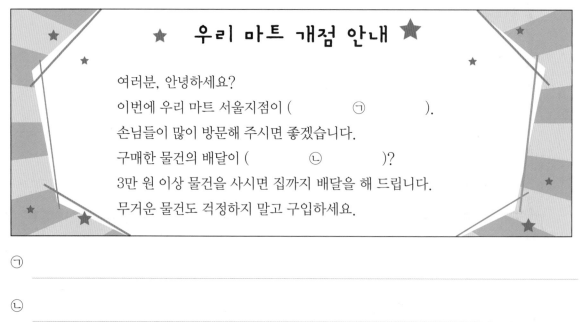

㈀ _____

㈁ _____

07 다음 글의 ㉠과 ㉡에 알맞은 말을 각각 쓰시오.

한국병원 이전 안내

한국병원에서 알려 드립니다.

이번에 한국병원이 새롭게 (㉠   ).

○○ 지하철역 4번 출구 바로 앞에 병원이 위치해 있습니다.

그동안의 성원에 감사드리며, 앞으로도 한국병원은 친절한 (㉡   ).

아플 때는 고민하지 말고 한국병원으로 오세요!

㉠ _____

㉡ _____

08 다음 글의 ㉠과 ㉡에 알맞은 말을 각각 쓰시오.

햇살 안경원 선글라스 세일!

더운 여름이 왔습니다.

따가운 여름 햇살을 막기 위해 (㉠   )?

여기에 여러분을 위한 멋지고 예쁜 선글라스가 준비되어 있습니다.

비싼 가격에 매번 망설이셨지요?

인터넷보다 더 (㉡   ).

이번 기회를 절대 놓치지 마세요.

㉠ _____

㉡ _____

09 다음 글의 ㉠과 ㉡에 알맞은 말을 각각 쓰시오.

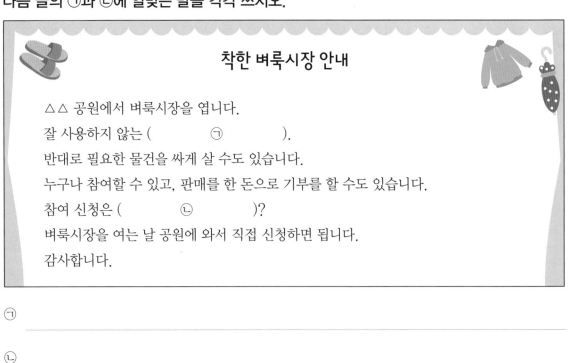

● 청소 서비스 안내 ●

여러분의 집이 지저분한가요? 청소 서비스가 필요하지 않으세요?

새집처럼 (㉠   ).

서비스를 예약하시는 분께는 20% 할인도 해 드립니다.

이번 기회를 놓치지 마세요!

여러분들의 (㉡   ).

㉠

㉡

10 다음 글의 ㉠과 ㉡에 알맞은 말을 각각 쓰시오.

착한 벼룩시장 안내

△△ 공원에서 벼룩시장을 엽니다.

잘 사용하지 않는 (㉠   ).

반대로 필요한 물건을 싸게 살 수도 있습니다.

누구나 참여할 수 있고, 판매를 한 돈으로 기부를 할 수도 있습니다.

참여 신청은 (㉡   )?

벼룩시장을 여는 날 공원에 와서 직접 신청하면 됩니다.

감사합니다.

㉠

㉡

11 다음 글의 ㉠과 ㉡에 알맞은 말을 각각 쓰시오.

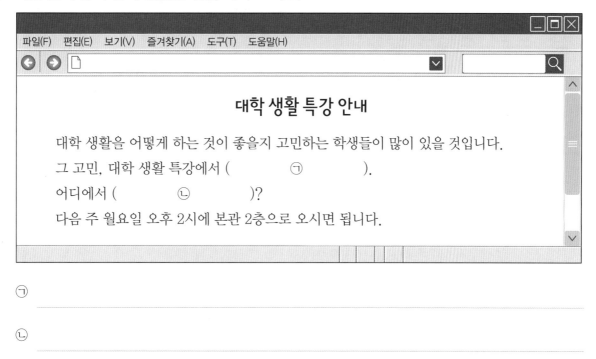

대학 생활 특강 안내

대학 생활을 어떻게 하는 것이 좋을지 고민하는 학생들이 많이 있을 것입니다.
그 고민, 대학 생활 특강에서 (㉠   ).
어디에서 (㉡   )?
다음 주 월요일 오후 2시에 본관 2층으로 오시면 됩니다.

㉠

㉡

12 다음 글의 ㉠과 ㉡에 알맞은 말을 각각 쓰시오.

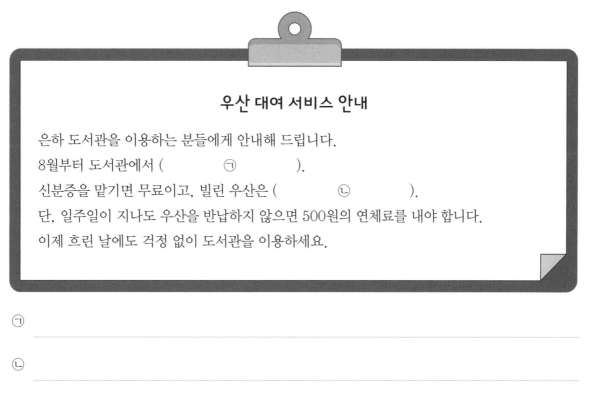

우산 대여 서비스 안내

은하 도서관을 이용하는 분들에게 안내해 드립니다.
8월부터 도서관에서 (㉠   ).
신분증을 맡기면 무료이고, 빌린 우산은 (㉡   ).
단, 일주일이 지나도 우산을 반납하지 않으면 500원의 연체료를 내야 합니다.
이제 흐린 날에도 걱정 없이 도서관을 이용하세요.

㉠

㉡

ENERGY

자신의 능력을 믿어야 한다.
그리고 끝까지 굳세게 밀고 나가라.

– 엘리너 로절린 스미스 카터(Eleanor Rosalynn Smith Carter)

설명문 빈칸에 알맞은 말 쓰기

2

Q 기출 64회 쓰기 52번
다음 글의 ㉠과 ㉡에 알맞은 말을 각각 쓰시오.

목표 풀이 시간 ⏱ 5분

> 별은 지구에서 멀리 떨어져 있다. 그래서 별빛이 지구까지 오는 데 많은 시간이 걸린다. 지구와 가장 가까운 별의 빛도 지구까지 오는 데 4억 년이 걸린다. 만약 우리가 이 별을 본다면 우리는 이 별의 현재 모습이 아니라 4억 년 전의 (㉠   ). 이처럼 별빛은 오랜 시간이 지나야 지구에 도달한다. 그래서 어떤 별이 사라져도 우리는 그 사실을 바로 알지 못하고 아주 오랜 시간이 (㉡   ).

🖐 개선 전 발문에서는 '㉠과 ㉡에 들어갈 말을 각각 한 문장으로 쓰시오.'라고 제시되었습니다.
본 교재에서는 앞으로의 시험 대비를 위해 개선된 발문으로 수록하였습니다.

유형 분석

☑ **52번 유형** '설명문 빈칸에 알맞은 말 쓰기'는 빈칸에 적절한 내용을 작성하는 유형입니다.

☑ '실용문 빈칸에 알맞은 말 쓰기' 유형보다는 지문의 내용이 어렵지만, 전문적 지식이 없어도 이해할 수 있는 수준입니다.

☑ 다양한 주제에 대한 설명문이 중급 중반~고급 초반 수준으로 출제됩니다.

☑ 빈칸에 들어갈 내용은 빈칸 앞뒤를 살펴본 후에 문맥을 파악하여 작성해야 합니다.

☑ '이처럼, 그래서, 그런데, 그러나, 이와 같이' 등 문장이 시작될 때의 표현을 확인하면 쉽게 문맥을 파악할 수 있습니다.

풀이 전략 및 모범 답안

글의 주제와 목적 파악	이 글의 주제는 '별이 우리에게 보이기까지 걸리는 시간' 정도로 정리할 수 있습니다. 제시된 글에서는 별과 지구의 거리를 설명하며 우리가 보는 별빛이 사실은 아주 오랜 시간 전의 모습임을 알려줍니다. 이와 같은 정보를 독자에게 전달하는 것이 이 글의 목적입니다.

▼

앞뒤 문장 확인	⊙ 빈칸 앞의 앞 문장에서 지구와 가장 가까운 별의 빛도 지구까지 오는 데 4억 년이 걸린다고 했습니다. 따라서 빈칸에는 우리가 별의 4억 년 전의 모습을 보는 것이라는 내용이 들어가야 합니다. ⓛ 빈칸 앞의 문장을 확인해야 합니다. '별빛은 오랜 시간이 지나야 지구에 도달한다'는 것을 보고 별이 사라져도 그것을 사람들이 아는 데에는 오랜 시간이 걸릴 수밖에 없다는 내용을 작성해야 합니다.

▼

답안 작성	**▌모범 답안** ⊙ 모습을 보는 것이다 ⓛ 지나야 알 수 있다 / 지난 후에야 알 수 있다 **▌답안 길잡이** 별빛이 지구까지 오는 데 4억 년이 걸린다고 했으므로, 우리가 보는 별의 모습은 현재의 모습이 아니라 4억 년 전의 모습입니다.

▼

작성한 답안 점검	⊙ '현재 모습이 아니라'와 호응하며, 문장의 맥락에 어긋나지 않게 적절하게 작성되었습니다. '모습을 보게 되는 것이다' 등의 문장도 적절할 것입니다. ⓛ 빈칸 앞의 내용과 연결되는 내용이 정답으로 적절하게 작성되었습니다. '지난 뒤에야 알 수 있을 것이다', '지난 다음에야 알게 될 것이다' 등도 빈칸에 들어가기에 적절한 내용입니다.

52번 유형 돋보기 이론

❶ 52번 유형 안내

이 문항은 글을 읽고 전체적인 내용을 파악한 뒤, 빈칸에 들어갈 적절한 말을 쓴다는 점에서 앞선 '51번 유형 실용문 빈칸에 알맞은 말 쓰기'와 유사합니다. 5~6개의 문장으로 이루어진 설명문이 제시되며, 일반적인 생활과 상식에 대한 다양한 내용을 주제로 다룹니다. 특별히 정해진 주제가 없다는 점에서 어려움을 느낄 수 있으나, 전문적인 지식이 없어도 글을 읽으면 이해할 수 있는 수준의 범위에서 출제됩니다.

❷ 52번 유형 접근법

쓰기 52번 문제를 풀 때에는 '그리고, 그래서, 하지만' 등의 접속 표현을 잘 알아 두고 앞뒤의 내용을 잘 살펴 빈칸을 채워야 합니다. 다음 문장들을 보면서 각 문장의 빈칸에 어떤 내용이 들어가면 좋을지 생각해 봅시다.

> ① 이 식당은 음식이 **맛있고** (   ).
>
> ② 이 식당은 음식이 **맛있어서** (   ).
>
> ③ 이 식당은 음식이 **맛있지만** (   ).

① 이 식당은 음식이 맛있고 (가격도 쌉니다 / 서비스가 좋습니다 / 가게가 깨끗합니다).

'맛있고'는 '맛있다'와 '그리고'가 합쳐진 말입니다. '그리고'의 앞뒤로는 비슷한 의미를 가진 내용이 와야 하므로, 빈칸에는 '맛있다'와 같은 긍정의 의미를 담은 내용이 와야 합니다.

② 이 식당은 음식이 맛있어서 (손님이 많습니다 / 자주 찾게 됩니다 / 유명합니다).

'맛있어서'는 '맛있다'와 '그래서(따라서)'가 합쳐진 말입니다. '그래서(따라서)' 앞에는 원인이, 뒤에는 결과가 나오므로, 빈칸에는 '맛있다'가 원인이 되어 나올 수 있는 결과에 해당하는 내용이 와야 합니다.

③ 이 식당은 음식이 맛있지만 (가격이 비쌉니다 / 서비스가 별로입니다 / 메뉴가 적습니다).

'맛있지만'은 '맛있다'와 '하지만'이 합쳐진 말입니다. '하지만'은 앞뒤가 반대되는 의미일 때 사용하므로, 빈칸에는 '맛있다'의 긍정의 의미와 반대되는 부정의 의미를 가진 내용이 와야 합니다.

❸ 접속 표현에 따른 앞뒤 문장의 의미 관계

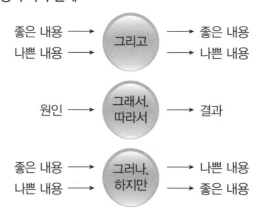

 눈에 **보는 기출**

1 주요 어휘

어휘	길잡이 말	어휘	길잡이 말	어휘	길잡이 말
가능성	이 높다	가지다	관심을 가지다	수면	을 방해하다
가전제품	을 구입하다	무시	를 당하다	신경	반사 신경
각오	를 다지다	미움	이 쌓이다	실은	그렇지 않다
건축	건축 공사	바람	간절한 바람	아이디어	를 내다
겉모습	만 보다	반응	을 보이다	안정	을 유지하다
곧이어	곧이어 시작하다	밝혀내다	원인을 밝혀내다	역사적	역사적 기록
관련	이 있다	번거롭다	절차가 번거롭다	우연히	발견하다
구체적	구체적 성과	벌어지다	틈이 벌어지다	의도	를 가지다
권력	을 강화하다	별다른	방법이 없다	적절하다	상황이 적절하다
내성적	−인 성격	보완	문제점 보완	점차	좋아지다
다수	가 참여하다	부작용	부작용 발생	중독	을 일으키다
대단히	좋다	분야	경제 분야	차이점	이 없다
대비	색채 대비	상대방	을 바라보다	철저히	철저히 예방하다
대처	대처 방안	상쾌하다	마음이 상쾌하다	특징	이 드러나다

2 주요 문법

문법	예
−는 데	듣는 데, 오는 데, 먹는 데, 아는 데, 확인하는 데, 결정하는 데, 선택하는 데 등
−아/어/여도	알아도, 감소해도, 상승해도, 변경해도, 파악해도, 착각해도, 사라져도, 없어져도 등
−기도 하다	영향을 주기도 하다, 건강에 해롭기도 하다, 증가하기도 하다, 좋아지기도 하다 등
−(으)ㄹ수록	우울할 때일수록, 모르는 경우일수록, 시간이 지날수록, 알면 알수록, 익숙해질수록 등
−(으)ㄹ 것이라고	들려줄 것이라고, 개선될 것이라고, 변화할 것이라고, 성장할 것이라고 등

3 주요 주제

- 음악 치료의 방법
- 기회를 잘 이용하는 방법
- 병을 예방하기 위한 손 씻기 방법
- 표정이 감정에 주는 영향
- 머리를 감기에 적절한 시간
- 어려운 일을 긍정적으로 생각해야 하는 이유

2단계 연습하기

01 다음 글의 ㉠과 ㉡에 알맞은 말을 각각 쓰시오.

> 한 대학의 심리학 연구팀에서 조사한 결과에 따르면 사람들은 외로움을 느낄 때 평소보다 배고픔을 더 많이 느끼게 되고 따라서 (㉠   ). 이는 고대부터 식사 자리가 유대 관계를 높인다는 것을 우리 몸이 기억하고, 외로움을 느끼게 되면 자연스럽게 배고픔을 느끼게 되기 때문입니다. 이제는 살을 빼기 위해서 운동만 할 것이 아니라 사람들과 함께 식사하는 시간을 가지며 (㉡   ).

㉠ _____

㉡ _____

✎ **평소**
특별한 일이 없는 보통 때.
⑩ 평소보다 예쁘다.
✦ **평일** 토요일, 일요일, 공휴일이 아닌 보통날.
⑩ 그는 평일 저녁에 친구들과 만나기로 약속했다.

✎ **원인**
어떤 일이 일어나게 하거나 어떤 사물의 상태를 바꾸는 근본이 된 일이나 사건.
⑩ 사고의 원인.
✦ **결과** 어떤 일이나 과정이 끝난 후의 상태나 현상.
⑩ 착하게 사는 사람이 오래 산다는 연구 결과가 나왔다.

✎ **유지하다**
어떤 상태나 상황 등을 그대로 이어 나가다.
⑩ 아버지는 꾸준한 등산으로 체력을 유지하신다.
✦ **지속하다** 어떤 일이나 상태를 오래 계속하다.
⑩ 연구를 지속하다.

▌모범 답안

㉠ 음식을 더 많이 먹게 된다고 합니다 / 음식을 더 많이 섭취하게 된다고 합니다 / 더 많은 양의 음식을 먹는다고 합니다

㉡ 적절한 양의 음식을 먹도록 해야 합니다 / 적절한 양의 음식을 먹는 것이 좋겠습니다

▌답안 길잡이

㉠ 빈칸의 앞에 '따라서'라는 접속 표현이 있고 그 앞의 내용은 배고픔을 많이 느끼게 된다는 것이므로, 결과와 관련한 '음식을 더 많이 먹게 된다'라는 내용이 연결되면 자연스럽습니다.

㉡ 글의 앞부분에서 사람들과의 관계(외로움)와 배고픔이 서로 관련이 있다고 이야기했으므로, 운동만 할 것이 아니라 사람들과 함께 식사를 하며 적절한 양의 음식을 먹는 것이 좋다는 내용을 써야 합니다.

02 다음 글의 ㉠과 ㉡에 알맞은 말을 각각 쓰시오.

> 아기는 태어나자마자 바로 말을 하거나 자유롭게 움직일 수 없기 때문에 우리는 아기의 감정을 잘 (㉠   ). 이처럼 아기는 자신의 감정을 표현하는 능력이 부족하지만 실제로는 어른과 (㉡   ). 따라서 부모들은 아기가 어떤 감정을 느낄지 잘 생각하며 보살피고 행동해야 합니다.

㉠ _____

㉡ _____

선생님과 함께하는
어휘·문법➕

🖉 **감정**
일이나 대상에 대하여 마음에 일어나는 느낌이나 기분.
예 내 여동생은 감정이 풍부해서 작은 일에도 잘 웃고 또 잘 운다.
➕ **이성** 올바른 가치와 지식을 가지고 논리에 맞게 생각하고 판단하는 능력.
예 인간에게 이성이 없다면 동물과 다를 바가 없을 겁니다.

🖉 **능력**
어떤 일을 할 수 있는 힘.
예 혼자만의 능력으로 풀기 어려운 문제도 여러 사람이 함께 노력하면 해결되는 경우가 많다.
➕ **노력** 어떤 목적을 이루기 위하여 힘을 들이고 애를 씀.
예 그가 지금의 자리에 오르게 된 것은 모두 피나는 노력의 결과였다.

🖉 **보살피다**
일이나 상황에 대해 관심을 가지고 두루 살피다.
예 학생들의 어려움을 일일이 보살피는 것은 쉬운 게 아니다.
➕ **기여하다** 도움이 되다.
예 두 국가 간의 무역은 서로의 경제 발전에 크게 기여하였다.

▨ **모범 답안**

㉠ 알 수 없습니다 / 파악하기가 어렵습니다 / 알 수 없을 때가 많습니다
㉡ 비슷한 감정을 느낀다고 합니다 / 비슷하거나 어른보다 더 민감하게 감정을 느낄 수 있다고 합니다

▨ **답안 길잡이**

㉠ 아기는 말을 하거나 자유롭게 움직일 수 없기 때문에 아기의 감정을 잘 파악할 수 없다는 내용이 적절합니다.
㉡ '실제로는' 이후의 문장에서 일반적인 예상과 다른 결과가 나올 것을 추측할 수 있으므로, 예상과 달리 아기가 어른과 비슷하거나 어른보다 더 민감하게 감정을 느낀다는 내용을 작성하면 됩니다.

03 다음 글의 ㉠과 ㉡에 알맞은 말을 각각 쓰시오.

> 요즘 자동 운전 기능이 있는 차량이 많아지고 있습니다. 이 기능이 있는 자동차는 일정한 속도를 유지하며 달릴 수 있고, 차가 막히는 곳을 미리 알아내어 (㉠   ). 지금은 사람이 타고 있는 상태에서 자동차가 스스로 운전을 하는 정도이지만, 기술이 발전하여 아예 (㉡   ) 인건비도 줄어 경제적으로 도움이 될 것입니다.

㉠ _____

㉡ _____

선생님과 함께하는
어휘·문법➕

🖊 **기능**
어떤 역할이나 작용을 함.
또는 그런 역할이나 작용.
예 기능이 다양하다.

➕ **기술** 과학 이론을 실제로 적용하여 인간 생활에 쓸모가 있게 하는 수단.
예 이 회사는 최첨단 기술을 사용하여 신제품을 만들어 내었다.

🖊 **스스로**
누구의 도움을 받지 않고 자신의 힘으로.
예 계속 노력하다 보면 스스로 깨우치게 될 테니 너무 걱정하지 마.

➕ **홀로** 자기 혼자서만.
예 나는 고향을 떠나 홀로 지내는 것이 몹시 외로웠다.

🖊 **인건비**
사람에게 일을 시키는 데 드는 비용.
예 공장 노동자들의 인건비가 증가하면서 물건의 가격도 높아졌다.

➕ **고용인** 돈을 받고 일을 해 주는 사람.
예 가게에서는 일을 잘해서 매출을 올리는 고용인에게는 보너스를 주었다.

🖊 **경제적**
비용, 노력, 시간 등이 적게 드는 것.
예 인터넷으로 물건을 주문하면 시간도 절약되고 편리하기 때문에 경제적이다.

➕ **낭비** 돈, 시간, 물건 등을 헛되이 함부로 씀.
예 설거지를 할 때 물을 받아서 사용하면 물 낭비를 줄일 수 있다.

📕 **모범 답안**

㉠ 더 빠른 길로 갈 수 있습니다 / 더 빠르게 목적지에 갈 수 있습니다

㉡ 사람 없이 운전이 가능하게 되면 / 무인 운전이 가능하게 되면

📕 **답안 길잡이**

㉠ 차가 막히는 곳을 미리 알아내면 어떤 장점이 있을지 예상하여 문장을 완성해야 합니다.

㉡ 사람이 타고 있는 상태에서 자동차가 스스로 운전하는 기술이 더 발전하는 것을 가정하고 있으므로, 사람 없이 운전을 할 수 있다는 내용이 와야 합니다.

04 다음 글의 ㉠과 ㉡에 알맞은 말을 각각 쓰시오.

우리는 화가 나거나 기분이 안 좋을 때 자신도 모르게 상대방에게 안 좋은 말이나 욕을 하게 됩니다. 욕을 하면 왠지 화가 풀리는 느낌이 들기도 하고, 상대방의 기분도 내가 지금 느끼는 기분처럼 (㉠   ). 그런데 잘 생각해 보아야 할 점이 있습니다. 내가 누군가에게 욕을 할 때, (㉡   ) 나도 듣게 됩니다.

㉠ _____

㉡ _____

▨ 모범 답안

㉠ 나쁘게 할 수 있기 때문입니다 / 나쁘게 만들 수 있기 때문입니다 / 안 좋게 할 수 있기 때문입니다

㉡ 그 사람만 듣는 것이 아니라 / 상대방만 듣는 것이 아니라

▨ 답안 길잡이

㉠ 빈칸이 있는 문장은 욕을 하게 되는 이유에 대해 이야기하고 있으므로, '-기 때문이다'를 사용하여 답을 하는 것이 좋습니다.

㉡ 글의 맥락상 누군가에게 욕을 할 때는 상대방도 듣지만 나도 듣게 된다는 것이 적절합니다.

05 다음 글의 ㉠과 ㉡에 알맞은 말을 각각 쓰시오.

> 　요즘 육식을 하지 않는 사람들이 늘어나고 있습니다. 우선 건강을 관리하기 위해 고기를 멀리하는 사람들은 고기보다는 (　　㉠　　). 또한 사람이 동물을 죽이고, 죽인 동물을 음식의 재료로 가공하는 과정에 문제가 있다고 생각하기 때문에 고기를 먹지 않는 사람들도 있습니다. 이제는 내가 먹는 음식이 어떻게 만들어지고 건강에 어떤 영향을 미치는지에 대해서도 (　　㉡　　).

㉠ _____

㉡ _____

▌ **모범 답안**

㉠ 채소를 즐겨 먹습니다 / 채소를 먹는 것을 선호합니다 / 채소를 먹는 것을 좋아하는 경우가 많습니다

㉡ 고민해 볼 필요가 있습니다 / 관심을 기울여야 할 때가 되었습니다 / 관심을 가지는 사람들이 많아졌습니다

▌ **답안 길잡이**

㉠ 이 문장의 주어는 '고기를 멀리하는 사람들'이기 때문에 빈칸에는 채소를 먹는 것을 즐긴다는 내용이 와야 합니다. 또한, '–보다는 –하는 일이(경우가) 많다' 와 같은 형태의 문장이 오면 더욱 좋습니다.

㉡ 빈칸 앞의 문장에서 동물을 음식의 재료로 가공하는 과정에 문제가 있다고 생각해서 고기를 먹지 않는 사람들이 있다고 하였으므로, 이 내용을 근거로 하여 글을 마무리하는 것이 적절합니다.

06 다음 글의 ㉠과 ㉡에 알맞은 말을 각각 쓰시오.

현대 사회에서는 다양한 매체가 발달하면서 멀리 떨어져 있는 사람과도 쉽고 빠르게 의사소통을 할 수 있게 되었습니다. 그래서 최근 새롭게 나타난 문화 중 하나가 청첩장을 직접 만나서 주지 않고 (㉠   ). 젊은 사람들이 특히 선호하는 이와 같은 방법을 사용하여 청첩장을 전달한다면 직접 만나기 위한 약속을 (㉡   ). 아직까지는 젊은 연령대에서 많이 나타나고 있지만, 곧 모두에게 익숙한 문화가 될 것입니다.

㉠ _____

㉡ _____

선생님과 함께하는 어휘·문법✚

✎ **매체**
어떤 사실을 널리 전달하는 물체나 수단.
🅔 요즘 대중 매체가 너무 상업성을 띠는 것 같아.
✚ **대중** 많은 사람들의 무리.
🅔 거리에서 무료 공연이 시작되자마자 수많은 대중이 모여들었다.

✎ **발달**
학문, 기술, 문명, 사회 등의 현상이 보다 높은 수준에 이름.
🅔 의학 기술의 발달은 점차 불치병까지도 정복해 나가고 있다.
✚ **발전** 더 좋은 상태나 더 높은 단계로 나아감.
🅔 현대 의학의 눈부신 발전은 인간 수명의 연장을 가져왔다.

✎ **연령대**
같은 나이 또는 비슷한 나이의 사람들의 집단을 십 년 단위로 끊어 나타낸 것.
🅔 한 의류 회사의 통계 조사 결과 연령대에 따라 좋아하는 색상에 뚜렷한 차이가 나타났다.
✚ **또래** 나이나 수준이 서로 비슷한 무리. 또는 그 무리에 속한 사람.
🅔 우리 나이 또래라면 이 노래는 당연히 알 것이다.

▨ 모범 답안

㉠ 메시지로 보내는 것입니다 / 메신저 등으로 보내는 것입니다 / 문자나 이메일로 보내는 것입니다

㉡ 따로 잡지 않아도 됩니다 / 잡지 않아도 되어서 시간을 절약할 수 있습니다 / 따로 잡지 않아도 되므로 효율적입니다

▨ 답안 길잡이

㉠ '직접 만나서 주지 않고'라는 부분에서 빈칸에는 만나지 않고 다른 방법으로 청첩장을 주는 내용이 들어가야 함을 알 수 있습니다.

㉡ 앞에서 청첩장을 직접 만나서 주지 않는다는 내용이 나왔으므로, 만나기 위한 약속을 잡지 않아도 된다는 내용이어야 합니다.

3단계 정복하기

01 다음 글의 ㉠과 ㉡에 알맞은 말을 각각 쓰시오.

> 요즘 저출산으로 인한 사회 문제가 심각합니다. 대학생들을 대상으로 한 설문 조사 결과를 보면 결혼을 원하지 않는 학생들이 많고, 아이도 (㉠). 이와 같은 상황에서, 다른 이들이 행복하고 즐겁게 아이를 키우는 모습을 보여 주는 육아 프로그램이 많아지는 것은 좋은 일입니다. 왜냐하면 아이들의 귀여운 모습, 아이의 부모가 행복해 하는 모습을 보며 나도 나중에 아이를 (㉡).

㉠

㉡

02 다음 글의 ㉠과 ㉡에 알맞은 말을 각각 쓰시오.

> 사람들이 명품을 사는 이유는 무엇일까요? 정말 좋은 제품이라고 생각해서 명품을 사는 경우도 있겠지만, 대부분은 명품을 들고 다니면 나도 그 명품처럼 (㉠). 그래서 사람들에게 잘 알려지지 않은 브랜드의 제품보다는 누구나 바로 알 수 있을 법한 브랜드의 제품을 사는 사람이 더 많은 것입니다. 하지만 사람들에게 잘 보이기 위해 명품을 사는 것보다 나 스스로가 명품이 (㉡)?

㉠

㉡

03 다음 글의 ㉠과 ㉡에 알맞은 말을 각각 쓰시오.

사람들은 음악 치료를 할 때 환자에게 주로 밝은 분위기의 음악을 들려줄 것이라고 생각한다. 그러나 환자에게 항상 밝은 분위기의 음악을 (㉠). 치료 초기에는 환자가 편안한 감정을 느끼는 것이 중요하다. 그래서 환자의 심리 상태와 비슷한 분위기의 음악을 들려준다. 그 이후에는 환자에게 다양한 분위기의 음악을 들려줌으로써 환자가 다양한 감정을 (㉡).

㉠ _____

㉡ _____

04 다음 글의 ㉠과 ㉡에 알맞은 말을 각각 쓰시오.

요즘은 가족과 몇몇 지인들만 초대하는 '작은 결혼식'이 유행하고 있습니다. 예전에는 부모님의 체면을 중요시하느라, 많은 하객을 초대하는 게 중요했으나 이제는 결혼 당사자들의 (㉠) 때문입니다. 비용을 절약할 수 있다는 점도 '작은 결혼식'이 유행하는 이유 중 하나입니다. 그러나 아직까지는 일생에 한 번뿐인 결혼식을 화려하게 (㉡).

㉠ _____

㉡ _____

05 다음 글의 ㉠과 ㉡에 알맞은 말을 각각 쓰시오.

요즘은 가족 모두가 각각 휴대 전화를 사용하게 되면서 집 전화가 (㉠   ).
한 기관의 설문 조사 결과에 따르면 조사 대상의 절반 이상이 집 전화가 없다고 대답했으며,
집 전화가 있더라도 거의 (㉡   ). 앞으로 5년 뒤쯤에는 모든 집 전화가 없
어질지도 모릅니다.

㉠ _____

㉡ _____

06 다음 글의 ㉠과 ㉡에 알맞은 말을 각각 쓰시오.

사람들은 오랫동안 공부를 해야 하거나 밤을 새우며 일을 해야 할 때 커피를 많이 마십니
다. 집중을 하는 데 커피가 (㉠   ). 그런데 커피가 오히려 집중에 방해가
될 수도 있다는 연구 결과가 나왔습니다. 연구에 따르면 커피를 마시는 것보다 잠시나마 자
연을 바라보며 휴식을 하는 것이 더 큰 도움이 된다고 합니다. 최근에는 이런 이유 때문에 도
시 안에 숲을 (㉡   ).

㉠ _____

㉡ _____

기출 52회 쓰기 52번

07 다음 글의 ⊙과 ⓒ에 알맞은 말을 각각 쓰시오.

> 우리는 기분이 좋으면 밝은 표정을 짓는다. 그리고 기분이 좋지 않으면 표정이 어두워진다. 왜냐하면 우리가 느끼는 감정이 (⊙   ). 그런데 이와 반대로 표정이 우리의 감정에 영향을 주기도 한다. 그래서 기분이 안 좋을 때 밝은 표정을 지으면 기분도 따라서 좋아진다. 그러므로 우울할수록 (ⓒ   ) 것이 좋다.

⊙ _____

ⓒ _____

08 다음 글의 ⊙과 ⓒ에 알맞은 말을 각각 쓰시오.

> 성공적인 다이어트를 위해서는 스스로 확실한 목표를 (⊙   ). 우선 몇 kg을 빼겠다는 구체적인 계획을 세우면 동기 부여가 확실해지며, 다른 사람들과 함께 식사를 할 때에도 다이어트에 방해가 되는 음식들을 피하게 됩니다. 그리고 성공할 수 있을 것이라는 긍정적인 (ⓒ   ). 그러면 다이어트를 포기하겠다는 마음은 자연스럽게 사라질 것입니다.

⊙ _____

ⓒ _____

09 다음 글의 ㉠과 ㉡에 알맞은 말을 각각 쓰시오.

요즘에는 많은 사람들이 종이 신문보다는 인터넷 뉴스에서 정보를 얻습니다. 종이 신문은 돈을 내고 구입해서 읽어야 하지만, 인터넷 뉴스는 (㉠   ). 또한 종이 신문은 다음 신문이 나올 때까지 새로운 정보를 추가할 수 없지만, (㉡   ). 게다가 인터넷 뉴스는 댓글로 자신의 의사를 표현하고 다른 사람들과 의견을 나눌 수 있다는 장점도 있습니다. 이러한 이유로 사람들은 점점 종이 신문보다 인터넷 뉴스를 선호하게 되는 것입니다.

㉠ _____

㉡ _____

10 다음 글의 ㉠과 ㉡에 알맞은 말을 각각 쓰시오.

사람들은 자동차 열쇠를 어딘가에 두고 깜박하거나, 조금 전에 무엇을 먹었는지조차 (㉠   ). 그리고 이러한 일이 반복되면, 기억력이 떨어진 것에 대해 스트레스를 느끼기도 합니다. 하지만 기억력이 떨어지는 현상에 대해서 (㉡   ). 왜냐하면, 기억하고 싶지 않은 일들로 심리적인 괴로움을 느끼는 것보다는 적당히 잊어버리는 것이 정신 건강에 도움이 되기도 하기 때문입니다.

㉠ _____

㉡ _____

11 다음 글의 ㉠과 ㉡에 알맞은 말을 각각 쓰시오.

> 옛날에는 끊임없이 일을 하며 돈을 벌고, 가족을 위해서 자신을 희생하는 것이 최선의 삶의 형태라고 생각했습니다. 하지만 요즘은 삶의 여유를 (㉠   ). 일에만 집중하는 삶보다 가끔씩 여행을 하거나 취미 생활을 하는 등 휴식이 있는 삶을 추구하는 사람들이 늘어나고 있는 것입니다. 또한 가족을 위해 무조건 희생하는 것보다는, 자신이 원하는 것을 이루고 행복해지는 것을 (㉡   ). 이렇듯 시대에 따라 추구하는 삶의 가치는 늘 변하기 마련입니다.

㉠

㉡

12 다음 글의 ㉠과 ㉡에 알맞은 말을 각각 쓰시오.

> 에스컬레이터 혹은 지하철에서 질서를 지키지 않아 발생하는 대형 사고 건수가 줄어들지 않고 있습니다. 이러한 사고들의 원인은 자신의 상황이 가장 (㉠   ). 그렇다면 대형 사고를 막기 위한 방법에는 어떤 것들이 있을까요? 우선 조금씩만 마음의 여유를 가지고 서로를 (㉡   ). 둘째, 나 하나쯤 어떻게 행동해도 상관이 없을 거라는 생각을 버리고 성숙한 시민 의식을 갖춰야 합니다. 모두가 이런 생각을 가진다면, 사고는 일어나지 않을 것입니다.

㉠

㉡

에듀윌이
너를
지지할게

ENERGY

모든 것은 꿈에서 시작된다.

꿈 없이 가능한 일은 없다.

먼저 꿈을 가져라.

오랫동안 꿈을 그리는 사람은

마침내 그 꿈을 닮아 간다.

– 앙드레 말로(Andre Malraux)

자료를 설명하는 글 쓰기

3

1단계 이해하기

기출 60회 쓰기 53번

목표 풀이 시간 7분

Q 다음은 '인주시의 자전거 이용자 변화'에 대한 자료이다. 이 내용을 200~300자의 글로 쓰시오. 단, 글의 제목은 쓰지 마시오.

유형 분석

☑ **53번 유형** '자료를 설명하는 글 쓰기'는 주어진 자료를 객관적으로 전달하는 글을 작성하는 유형입니다. 이때, 글의 제목과 개인적인 생각은 쓰지 않습니다.

☑ 수치의 변화가 있는 그래프와, 이 수치와 관련 있는 내용이 함께 제시됩니다.
　　예 • 영화관 이용자 수의 변화 + 이용자 수의 변화 이유
　　　　• 출산율 변화 + 출산율의 변화 이유

☑ 수치를 나타낸 그래프는 대부분 '감소, 상승' 중 하나의 경향을 보이는 것으로 제시됩니다.

☑ 조사 결과를 전달하는 데에 주로 사용되는 표현을 적절하게 활용하여 답안을 작성해야 합니다.

글의 주제와 목적 파악	**53번 유형**은 글의 주제와 목적이 분명하게 드러납니다. 글의 주제는 발문에 나와 있듯이 '인주시의 자전거 이용자 변화'이며, 목적은 '설명하는 글 쓰기'입니다. 설명해야 하는 내용은 자료로 제시된 인주시의 자전거 이용자 수가 변화하는 경향과 그 이유, 이용 목적입니다.

자료 내용 확인	• **자료1**: 자전거 이용자 수가 10년 동안 약 5배 증가했습니다. • **자료2**: 자전거 이용자 수가 변화한 이유는 자전거 도로가 개발되고 자전거를 빌리는 곳이 확대되었기 때문입니다. (확대되어서입니다, 확대된 덕분입니다 등) • **자료3**: 자전거를 이용하는 목적은 출퇴근이 14배, 운동 및 산책이 4배, 기타 목적이 3배 증가하는 변화가 있었습니다. (증가율을 보였습니다, 증가한 것으로 나타났습니다 등)

답안 작성	**▌ 모범 답안** 인주시의 자전거 이용자 변화를 살펴보면, 자전거 이용자 수는 2007년 4만 명에서 2012년에는 9만 명, 2017년에는 21만 명으로, 지난 10년간 약 5배 증가하였다. 특히 2012년부터 2017년까지 자전거 이용자 수가 급증한 것으로 나타났다. 이와 같이 자전거 이용자 수가 증가한 이유는 자전거 도로가 개발되고 자전거 빌리는 곳이 확대되었기 때문인 것으로 보인다. 자전거 이용 목적을 보면, 10년간 운동 및 산책은 4배, 출퇴근은 14배, 기타는 3배 늘어난 것으로 나타났으며, 출퇴근 시 이용이 가장 높은 증가율을 보였다. **▌ 답안 길잡이** 인주시의 자전거 이용자 수가 지속적으로 증가하고 있는 현황과 그러한 변화(증가)가 나타난 이유, 이용 목적의 증가 추이를 적절하게 작성해야 합니다. 본인의 예상이나 추측, 의견을 적으면 안 됩니다. **▌ 고등급 공략 답안** 인주시의 자전거 이용자 변화를 살펴보면, 자전거 이용자 수는 2007년 4만 명에서 2012년에는 9만 명, 2017년에는 21만 명으로, 10년간 약 5배 증가하였다. 특히 2012년에서 2017년 사이에 그 수가 급증하였다. 이와 같이 자전거 이용자 수가 계속해서 증가한 이유는 자전거 도로가 개발되고, 자전거를 빌리는 곳이 확대되었기 때문인 것으로 보인다. 자전거를 이용하는 목적도 증가하였는데, 지난 10년간 운동 및 산책이 4배, 출퇴근이 14배, 기타 목적이 3배 늘어나 출퇴근에서 가장 많이 변화하였음을 알 수 있다.

작성한 답안 점검	• '자전거 이용자 수', '변화 이유', '이용 목적'이 모두 포함되었습니다. • '증가하였다', '-ㄴ 것으로 나타났다', '-을/를 보였다', '- 때문인 것으로 보인다' 등 자료를 설명하는 표현이 적절하게 사용되었습니다.

53번 유형 돋보기 이론

❶ 53번 유형 안내

이 문항에서는 제시된 자료(⑩ 그래프, 도표 등)의 내용을 분석하여 이해하고, 그것을 객관적으로 전달할 수 있는지를 묻습니다. 자료에 제시된 2~3가지의 수치(통계) 및 이유·현황 등과 같은 조사 결과를 빠짐없이 글에 포함시키면서, 작성한 내용들이 자연스럽게 연결되도록 해야 합니다.

❷ 53번 유형 접근법

① '~에 대한 변화 현황과 그 이유'를 설명하는 글

> 온라인 쇼핑 시장의 변화 / 1인 가구 증가의 원인과 현황 /
> 한국인의 평균 수명 / 자전거 이용자 변화 등

- 특정한 수치의 변화를 나타내는 그래프와 그 이유를 설명하는 내용이 표 또는 간단한 문장으로 제시됩니다.
- 2개 이상 제시된 자료의 내용을 포함하여 시간 내에 정해진 분량의 글을 쓸 수 있도록 연습해야 합니다.
- 그래프, 표 등에 나타난 객관적인 내용을 쓴 후에, 그 이유로 자료에 제시된 내용이 자연스럽게 이어지도록 답안을 작성합니다.
- 답안을 작성한 후에는 내가 쓴 글의 내용이 자료가 제시하고 있는 내용과 같은지 점검해야 합니다.

② '~에 관한 설문 조사 결과'에 대해 설명하는 글

> 아이를 꼭 낳아야 하는가 / 결혼은 꼭 해야 하는가 /
> 한국어 말하기 능력을 향상시키는 방법 / 연령대에 따라 필요하다고 생각하는 시설 등

- 어떠한 사실이나 현황, 제도 등에 대한 설문 조사의 결과가 막대그래프 혹은 원그래프로 제시됩니다.
- 그래프로 나타난 조사 결과를 설명하는 표현을 익혀 두고 답안을 작성할 때 적절히 활용해야 합니다.
- 설문 조사를 실시한 기관과 설문 조사의 대상을 설명하는 내용으로 글을 시작하면 자연스럽습니다.
- 설문 조사의 결과 중 가장 많이 선택된 것(응답 비율이 높은 것)을 가장 먼저, 그 뒤를 이어 선택된 것을 그다음에 나열하는 방식으로 답안을 작성합니다.

① 주요 어휘

어휘	길잡이 말	어휘	길잡이 말	어휘	길잡이 말
간접적	간접적 영향	대개	의 경우	사용자	를 모집하다
간편하다	사용이	대략	대략 설명하다	설문	에 답하다
갈수록	갈수록 증가하다	대상	조사 대상	설문지	를 작성하다
공급	을 받다	명확하다	근거가	오르내리다	계단을
구성	구성 인원	반복	반복 연습	운영	기업 운영
급격히	급격히 감소하다	방지	사고 방지	장점	이 많다
급속히	급속히 진행되다	부정적	부정적 태도	저렴하다	비용이
급증	인구 급증	비롯되다	비롯된 일	전국적	규모
넘어서다	수치를	비하다	비할 수 없다	최저	최고 최저
단위	화폐 단위	사라지다	회사가	현대인	으로 살다

② 주요 문법

문법	예
–에 대해	'아이를 꼭 낳아야 하는가'에 대해 조사하였다 등
–라고 응답하다	'그렇다'라고 응답하다, '아니다'라고 응답하다, '긍정적이다'라고 응답하다 등
–으로 나타났다	증가한/감소한 것으로 나타났다, 급증한/급감한 것으로 나타났다, 많은/적은 것으로 나타났다, 1위인 것으로 나타났다 등
–을/를 보였다	증가율/감소율을 보였다, 증가하는/감소하는 추이를 보였다 등

③ 주요 주제 및 표현

주제	표현
• 자전거 이용자 변화 • 아이를 꼭 낳아야 하는가 • 온라인 쇼핑 시장의 변화 • 1인 가구 증가의 원인과 현황 • 연령대에 따라 필요하다고 생각하는 공공시설	• –은/는 –을/를 차지하고 있다. • –은/는 –에 그쳤다/이르렀다/달한다. • 마지막으로 –라는 기타 의견도 있었다. • 그다음으로 –이/가 –로 그 뒤를 이었다. • –에서 –에 대해 설문 조사를 실시하였다. • 조사 결과, –이/가 –로 가장 높게 나타났다. • 그 뒤를 이어서 –이/가 –로 2위, –이/가 3위를 차지하였다.

2단계 연습하기

01 다음은 '금연 실패의 원인과 금연에 성공하는 방안'에 대한 자료이다. 이 내용을 200~300 자의 글로 쓰시오. 단, 글의 제목은 쓰지 마시오.

- 조사 기관: 국민 건강 관리 센터
- 조사 대상: 흡연자 2,000명

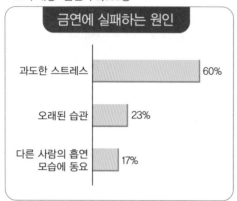

금연에 실패하는 원인	금연에 성공하는 방법
과도한 스트레스 60% 오래된 습관 23% 다른 사람의 흡연 모습에 동요 17%	① 스트레스를 해소할 방법 모색 ② 사람들이 담배를 피우는 장소 회피

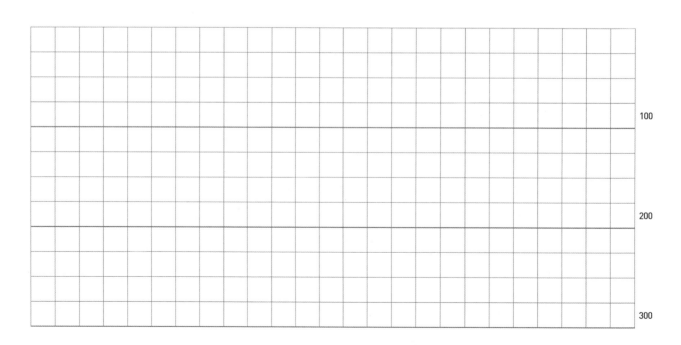

100

200

300

■ 모범 답안

「 」 내용 설명   ▨ 형식/문법 설명

「건	강		관	리		센	터	에	서		흡	연	자		2,	00	0		명
을		대	상	으	로		금	연	에		실	패	하	는		원	인	을	
조	사	했	다	.」	「조	사			결	과	를		확	인	해		보	면		금

조사 기관, 조사 대상, 조사 주제를 정확하게 밝혔습니다.

|연|에| |실|패|하|는| |원|인| |중| |'|과|도|한| |스|트|

작은따옴표는 한 칸에 하나씩 쓰며, 칸의 한쪽에 치우치도록 씁니다.

|레|스|'| |가| |60| |%|로| |1| |위|를| |차|지|하|였|으|며|,| (100)
'	오	래	된		습	관	'		이		23	%	,		'	다	른		사	람	의
흡	연		모	습	에		동	요	'		가		17		%		로		뒤	를		이
었	다	.」	「금	연	에		실	패	하	는		원	인	을		극	복	하	고

조사 결과를 순위별로 정리하여 작성했습니다.

|금|연|에| |성|공|하|기| |위|해|서|는| |스|트|레|스|를| |
|해|소|할| |방|법|을| |모|색|하|는| |것|이| |필|요|하|다|.| (200)

원고지의 마지막 칸에서 문장이 끝나면 같은 칸에 마침표를 찍습니다.

|또| |한| |다|른| |사|람|의| |흡|연| |모|습|에| |동|요|하|
|지| |않|도|록| |사|람|들|이| |담|배|를| |피|우|는| |장|
|소|를| |회|피|하|는| |것|도| |금|연|에| |성|공|하|는| |
|방|법| |중| |하|나|가| |될| |것|이|다|.」| | | | | | | |

금연에 성공하는 방법 두 가지를 빠짐없이 넣어서 글을 완성했습니다.

(300)

■ 답안 길잡이

금연에 실패하는 원인과 금연에 성공하는 방법에 대한 자료의 내용을 보고 문장으로 연결하여 작성하면 됩니다. 원인과 결과를 연결하여 쓸 때 사용하는 문법이 무엇인지 잘 생각하여 올바르게 써야 합니다.

선생님과 함께하는 어휘·문법 ✚

🖋 **관리**
어떤 일을 책임지고 맡아 처리함.
예 컴퓨터를 잘하는 직원이 회사의 홈페이지 관리를 담당한다.
✚ **단속** 잘못되지 않도록 주의를 기울여 관리함.
예 짐을 잃어버리거나 도둑맞지 않도록 단속을 잘해야 한다.

🖋 **과도하다**
정도가 지나치다.
예 과도하게 먹다.
✚ **사소하다** 중요하지 않은 정도로 아주 작거나 적다.
예 그들은 사소한 문제로 말다툼을 하였다.

🖋 **모색하다**
일을 해결할 수 있는 방법이나 방향을 깊고 넓게 생각해서 찾는다.
예 일을 해결할 새로운 방법을 모색하다.
✚ **발견하다** 아직 찾아내지 못했거나 세상에 알려지지 않은 것을 처음으로 찾아내다.
예 삼촌은 등산을 하다가 우연히 인삼을 발견했다며 좋아하셨다.

02 다음은 '자연재해의 증가와 예방 방안'에 대한 자료이다. 이 내용을 200~300자의 글로 쓰시오. 단, 글의 제목은 쓰지 마시오.

• 조사 기관: 환경 연구소

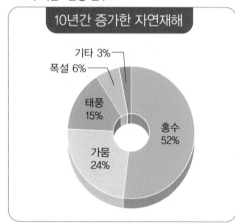

자연재해의 증가 원인

산업화에 따른 이산화 탄소의 발생량 증가
→ 지구의 평균 온도가 상승

예방 방안

① 쓰레기 분리배출
② 종이 대신 모바일 영수증 받기

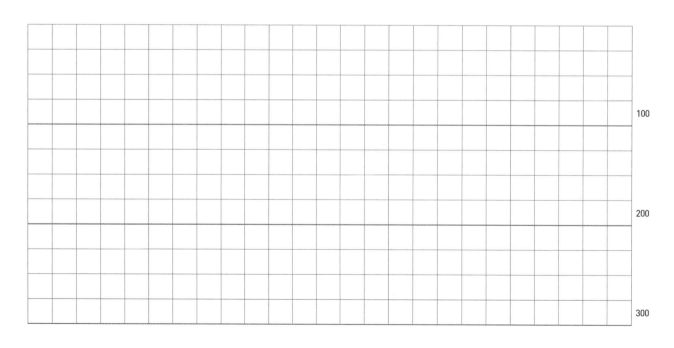

100

200

300

■ 모범 답안

「 」 내용 설명　　　형식/문법 설명

「환	경		연	구	소	에	는		지	난		10	년	간		증	가	한

원고지 한 칸에 숫자 2개를 씁니다.

자	연	재	해	에		대	해		조	사	하	였	다	. 」	10	년	간		가

조사 기관과 조사 대상을 밝혔습니다.

장		많	이		증	가	한		자	연	재	해	로	는		홍	수	가	
꼽	혔	다	.		그	다	음	으	로	는		가	뭄	,		태	풍	,	폭 설 ,

쉼표를 사용하면 칸을 비우지 않고 이어서 씁니다.

| 기 | 타 | 의 | | 순 | 이 | 었 | 다 | . | | 이 | 와 | | 같 | 은 | | 자 | 연 | 재 | 해 가 | 100 |

조사 결과를 순서에 맞게 정리하여 작성했습니다. 글의 분량을 고려하여 구체적인 비율(%)은 써도 되고, 쓰지 않아도 됩니다. 단, 순위는 올바르게 작성해야 합니다.

증	가	하	는		「원	인	은		산	업	화	에		따	라		이	산	화
탄	소	의		발	생	량	이		증	가	하	여		지	구	의		평	균
온	도	가		상	승	하	였	기		때	문	이	다	. 」	「자	연	재	해 가

자연재해가 증가하는 원인을 연결하여 문장을 적절하게 작성했습니다.

더		증	가	하	는		것	을		예	방	하	기		위	해	서	는	
쓰	레	기	를		분	리	배	출	해	야		한	다	.		또	한	,	종 이	200
대	신		모	바	일		영	수	증	을		받	는		작	은		실	천
도		자	연	재	해	를		예	방	하	는		방	법	이		될		수
있	다	. 」																

자연재해의 증가를 예방하는 방안을 작성하며 글을 마무리했습니다.

300

■ 답안 길잡이

조사 기관에서 자연재해에 대해 조사한 내용과 자연재해의 증가 원인, 예방 방안을 순서대로 배치하여 작성하면 됩니다.

✐ **재해**
뜻하지 않게 일어난 불행한 사고나 지진, 홍수, 태풍 등의 자연 현상으로 인한 피해.
⑩ 정부는 재해 대책 본부를 설립하고 태풍으로 집이 무너진 사람들이 지낼 곳을 마련했다.
✚ **사고** 예상하지 못하게 일어난 좋지 않은 일.
⑩ 가스 폭발 사고가 일어나서 여러 사람이 다쳤다.

✐ **가뭄**
오랫동안 비가 오지 않는 날씨.
⑩ 가뭄에 시달리다.
✚ **홍수** 비가 많이 내려서 갑자기 크게 불어난 강이나 개천의 물.
⑩ 홍수로 강의 다리가 쓸려 나갔다.

✐ **꼽히다**
골라져 지목되다.
⑩ 중요한 이유로 꼽히다.
✚ **상승하다** 위로 올라가다.
⑩ 비가 온 다음에 기온이 영상 십오 도까지 상승했다.

03 다음은 '1인 가구 변화'에 대한 자료이다. 이 내용을 200~300자의 글로 쓰시오. 단, 글의 제목은 쓰지 마시오.

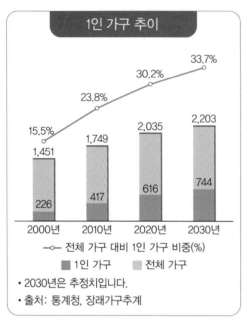

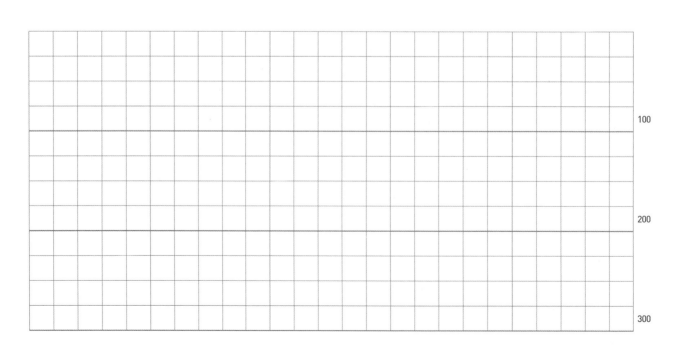

■ 모범 답안

「 」 내용 설명   형식/문법 설명

|「1|인| |가|구|는| |20|00|년| |이|후| |지|속|적|으|로|
|증|가|하|고| |있|다|.」|「전|체| |가|구| |수|에|서| |1|인|

줄의 끝에서 비울 칸이 없는 경우에는 띄어 쓰지 않고 다음 줄의 첫 칸부터 이어 씁니다.

그래프의 내용을 바탕으로 1인 가구의 변화 분위기(추이)를 파악하여 작성했습니다.

|가|구|가| |차|지|하|는| |비|중|도| |계|속| |늘|어|나|는|
|추|세|이|다|.| |또|한| |앞|으|로|도| |1|인| |가|구|가|
|증|가|하|여|,|20|30|년|에|는| |전|체| |가|구| |수| |중| 100
|에|서| |약|34|%| |정|도|의| |비|중|을| |차|지|할|
|것|으|로| |보|인|다|.」|「이|와| |같|이| |1|인| |가|구|가|

그래프의 수치를 파악하여 작성했습니다.

|늘|어|나|는| |이|유|는| |취|업| |및| |학|업| |문|제|로|
|인|한| |거|주|지| |이|동|이|나| |가|족|과| |독|립|된|
|생|활|을| |추|구|하|는| |현|대|인|의| |여|가| |시|간|을| 200

|보|내|는| |방|법|과|도| |관|련|이| |있|다|.」|「관|련| |조|

1인 가구가 증가하는 변화의 이유를 작성했습니다.

|사|에|서| |여|가| |시|간|을| |혼|자| |보|낸|다|는| |사|
|람|이|50|%| |이|상|인| |것|으|로| |보|아|,|1|인|

백분율 기호는 한 칸에 하나를 쓰고 다음 칸을 비웁니다.

|가|구|의| |증|가|는| |자|연|스|러|운| |결|과|이|다|.」|

여가 시간을 보내는 방법에 관한 조사 결과를 자연스럽게 연결하여 서술했습니다.

300

■ 답안 길잡이

막대그래프 자료에 나타난 1인 가구의 변화 추이와 1인 가구가 늘어나는 이유를 서술하고 앞으로 예상되는 상황을 작성하면 됩니다.

✎ 가구

한 집에서 함께 사는 사람들의 집단.
⑩ 도시로 인구가 집중되면서 도시 가구 수가 농촌 가구 수의 일곱 배를 넘어섰다.

✚ 구성원 어떤 조직이나 단체를 이루고 있는 사람들.
⑩ 사회의 질서를 위해 사회 구성원 모두는 법과 도덕을 지켜야 한다.

✎ 추이

시간이 지나면서 일이나 상황이 변함. 또는 그 변하는 모습.
⑩ 정부는 일단 세계 경제 상황의 추이를 관찰한 뒤 정책을 마련하기로 했다.

✚ 상황 일이 진행되어 가는 형편이나 모양.
⑩ 회사는 재정 상황이 좋지 않아 직원들에게 임금을 지불하는 것을 미뤘다.

✎ 여가

일을 하지 않는 시간. 또는 일을 하는 중간에 생기는 여유로운 시간.
⑩ 우리 동네에는 주민들이 여가를 편하게 즐길 만한 공간이 없다.

✚ 여유 느긋하고 너그러운 마음의 상태.
⑩ 현대인들은 일상에 치여 마음의 여유가 부족하다.

04 다음은 '결혼을 꼭 해야 하는가'에 대한 자료이다. 이 내용을 200~300자의 글로 쓰시오. 단, 글의 제목은 쓰지 마시오.

- 조사 기관: 가정 연구소
- 조사 대상: 20대 1,000명

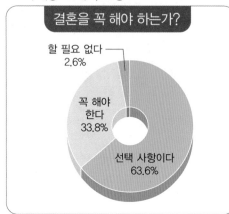

결혼을 꼭 해야 하는가?
- 할 필요 없다 2.6%
- 꼭 해야 한다 33.8%
- 선택 사항이다 63.6%

'선택 사항이다'라고 응답한 이유
① 자유로운 생활을 위해서
② 아이 양육 부담 없이 살기 위해서
③ 시대의 상황과 가치관에 따르기 위해서

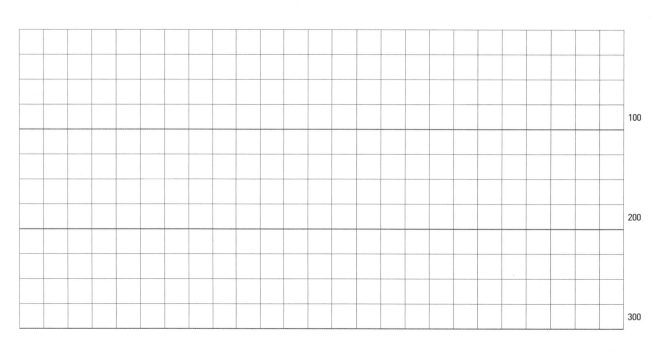

📋 모범 답안

「 」 내용 설명   형식/문법 설명

	「가	정		연	구	소	에	서		20	대		1,	00	0	명	을		대

숫자 뒤부터 세 자릿수마다 표기하는 쉼표는 숫자와 같은 칸에 씁니다.

상	으	로		결	혼	을		꼭		해	야		하	는	가	에		대	해
조	사	한		결	과	,」	「결	혼	을		선	택		사	항	이	라	고	

어디에서 무엇을 조사했는지 제시했습니다.

답	한		것	이		1	위	로		나	타	났	다	.		꼭		해	야
한	다	는		의	견	은		약		33	%	로		2	위	였	고	,	할
필	요		없	다	는		의	견	도		일	부		있	었	다	.」	「결	혼

100

조사 결과를 1위부터 정리하여 적었습니다.

이		필	수	가		아	닌		선	택		사	항	이	라	고		응	답
한		이	유	는		' 자	유	로	운		생	활	을		위	해	서	',	
' 아	이	의		양	육		부	담		없	이		살	기		위	해	서
'		등	으	로		나	타	났	다	.		또	한		시	대	의		상	황
과		가	치	관	에		따	르	기		위	해		결	혼	을		선	택
사	항	으	로		여	긴	다	는		응	답	도		있	었	다	.」	

200

'선택 사항이다'라고 응답한 이유를 정리하여 작성했습니다.

300

📋 답안 길잡이

결혼을 꼭 해야 하는가에 대한 설문 조사 결과를 정리하여 적으면 됩니다. 그리고 결혼이 선택 사항이라고 응답한 이유를 순서대로 적습니다.

🖊️ **사항**
어떤 일이나 사실을 이루는 항목 또는 내용.
예 지원서 작성 시 유의할 사항에 대해 알려 드리겠습니다.
✚ **항목** 법률이나 규정 등의 각각의 부분.
예 최종 평가는 각 항목의 점수를 합산하여 총점을 내는 방식이다.

🖊️ **양육**
아이를 보살펴서 자라게 함.
예 부부는 어린 아들을 사랑으로 가르치며 양육을 했다.
✚ **보육** 어린아이들을 돌보아 가르치고 기름.
예 어머니는 어린아이를 보육 시설에 보내어 유아 교육을 받게 했다.

🖊️ **부담**
일을 맡거나 책임, 의무를 짐.
예 해외로 유학을 가는 것은 경제적인 부담이 된다.
✚ **의무** 마땅히 해야 할 일.
예 자유와 권리가 주어지는 만큼 의무 또한 많아지기 마련이다.

05 다음은 '취업을 꼭 해야 하는가'에 대한 자료이다. 이 내용을 200~300자의 글로 쓰시오.
단, 글의 제목은 쓰지 마시오.

- 조사 기관: 취업문화연구소
- 조사 대상: 20대 이상 성인 남녀 5,000명

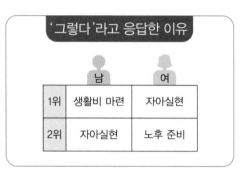

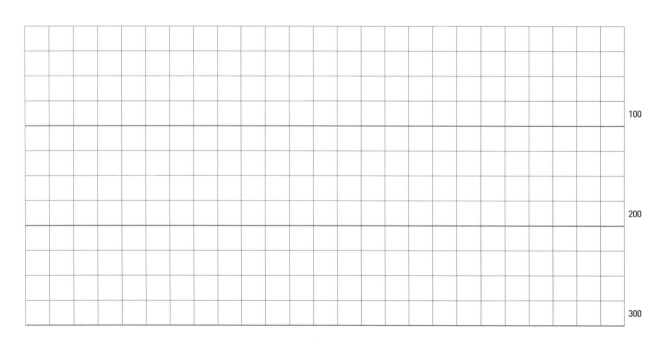

모범 답안

「 」내용 설명　　　형식/문법 설명

「	취	업	문	화	연	구	소	에	서		20	대		이	상		성	인
남	녀		5,	00	0	명	을		대	상	으	로		'	취	업	을		꼭
해	야		하	는	가	'	에		대	해		조	사	하	였	다	.」	「그

조사 기관과 조사 대상을 정리하여 제시했습니다.

|결|과||'|그|렇|다|'|라|고||응|답|한||남|자|는||70|
작은따옴표('')다음에 오는 '라고'는 작은따옴표 다음 칸에 이어 씁니다.

|%|,||여|자|는||75|%|였|고|,||'|아|니|다|'|라|고||응| (100)
|답|한||남|자|는||30|%|,||여|자|는||25|%|였|다|.」|이|
조사 결과의 수치를 정확하게 작성했습니다.

|들|이||「'|그|렇|다|'||라|고||응|답|한||이|유|에||대|
|해|서||남|자|는||생|활|비||마|련|,||여|자|는||자|아|
쉼표(,)를 사용할 때 뒤의 칸은 띄우지 않습니다.

|실|현|이|라|고||응|답|한||경|우|가||가|장||많|았|다|.|
|이|어||남|자|는||자|아|실|현|을||위|해|서|,||여|자|는| (200)
|노|후||준|비|를||하|고||싶|어|서|라|는||응|답|이||
|뒤|를||이|었|다|.」|

(300)

'그렇다'라고 응답한 이유를 잘 서술했습니다.

답안 길잡이

취업을 꼭 해야 하는지에 대한 남녀의 응답 비율과 그중 '그렇다'라고 응답한 이유를 중급 수준으로 작성해야 합니다. '-라고 응답하다, -에 대해' 등의 표현을 적극적으로 사용해야 합니다.

선생님과 함께하는 어휘·문법

취업
일정한 직업을 얻어 직장에 나감.
예 사촌 형은 증권 회사 취업을 위해 열심히 준비하고 있다.
✦ **창업** 사업 등을 처음으로 시작함.
예 부모님께서는 퇴직 후에 창업을 계획하고 계신다.

자아실현
자아의 본질을 완전히 실현하는 일.
예 자아실현을 꿈꾸다.
✦ **인격** 말이나 행동에 나타나는 한 사람의 전체적인 품격.
예 사람의 말과 행동은 그 사람의 인격을 보여 준다.

노후
늙은 뒤.
예 고령화 시대에 접어들면서 노후 생활 설계에 대한 관심이 점점 높아지고 있다.
✦ **둔화** 반응이나 진행 속도가 느려짐.
예 현재 우리 경제는 물가 불안과 수출 둔화로 인해 여러 가지 어려움을 겪고 있다.

06 다음은 '국내 외국인 현황'에 대한 자료이다. 이 내용을 200~300자의 글로 쓰시오. 단, 글의 제목은 쓰지 마시오.

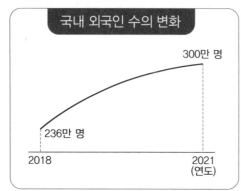

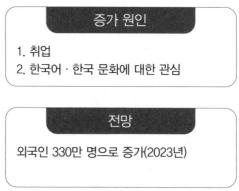

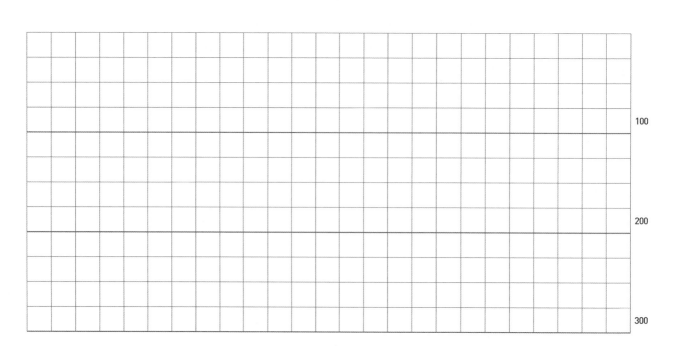

■ 모범 답안

「　」 내용 설명　　▨ 형식/문법 설명

「	국	내	에		머	무	는	(	체	류	하	는	)		외	국	인	이	
지	속	적	으	로		증	가	하	고		있	다	.	」	「	20	18	년	에		23

설명하는 내용의 주제를 확인하여 적었습니다.

6	만		명	이	던		외	국	인	이		지	속	적	으	로		증	가
세	를		보	이	며		20	21	년	에		30	0	만		명	이		되

숫자는 원고지 한 칸에 2개씩 씁니다.

었	다	.	」	「	이	러	한		증	가	의		원	인		중		첫		번	째		100

조사 결과 나타난 변화 추이를 적절하게 파악하여 적었습니다.

는		바	로		취	업	이	다	.		한	국	에	서		일	하	는		외
국	인	이		점	점		증	가	하	고		있	는		것	이	다	.		한
국	어	·	한	국		문	화	에		대	한		관	심	도		국	내	에	

같은 종류의 대상을 나열하며 이야기할 때 이 문장 부호(가운뎃점)를 사용하며, 한 칸에 씁니다.

외	국	인	이		증	가	한		또		다	른		원	인	이	다	.		이	
러	한		현	상	이		계	속		이	어	진	다	면		20	23	년	에		200
는		외	국	인	이		33	0	만		명	에		이	를		것	으	로		
전	망	된	다	.	」														

외국인 수의 증가 원인과 앞으로의 전망을 빠짐없이 작성했습니다.

																				300

■ 답안 길잡이

국내 외국인 수의 변화 추세를 파악하고 증가 원인과 전망에 대해 적절하게 기술하였습니다. '~의 원인 중 첫 번째는 ~', '~도 또 다른 원인이다', '~으로 전망된다' 등 조사 결과를 표현하는 내용을 적절하게 사용해야 합니다.

선생님과 함께하는 어휘·문법 ✚

✎ **지속적**
어떤 일이나 상태가 오래 계속되는 것.
예 지속적으로 나타나다.
✦ **단기적** 짧은 기간에 걸친 것.
예 단기적으로 나타날 수 있는 현상이니 안심하셔도 됩니다.

✎ **현상**
인간이 알아서 깨달을 수 있는, 사물의 모양이나 상태.
예 사람은 나이가 들면 자연적으로 피부 노화 현상이 생긴다.
✦ **현황** 현재의 상황.
예 직원들은 상품의 판매 현황을 파악한 후 영업 계획을 새로 수립했다.

✎ **이르다**
어떤 상태나 정도에 도달하다.
예 수위에 이르다.
✦ **달성하다** 목적한 것을 이루다.
예 큰 이변이 없는 한 그 선수는 이번 대회에서 신기록을 달성할 수 있을 것이다.

3단계 정복하기

01 다음은 '연령대에 따른 성공한 삶의 기준'에 대한 자료이다. 이 내용을 200~300자의 글로 쓰시오. 단, 글의 제목은 쓰지 마시오.

• 조사 대상: 30대와 40대 성인 남녀 1,000명

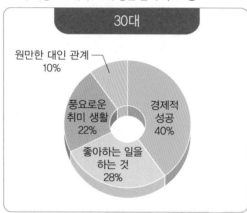
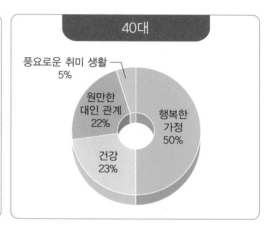

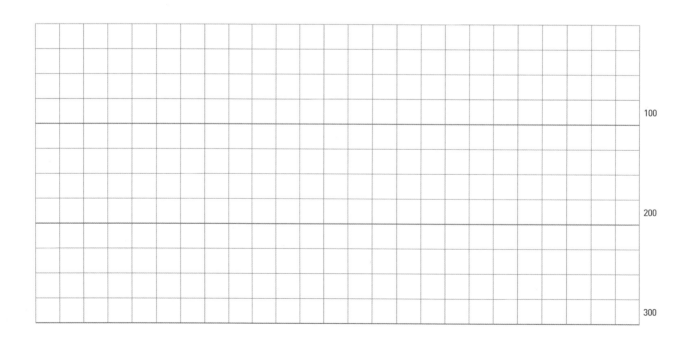

02 다음은 '학교 폭력의 원인과 해결 방법'에 대한 자료이다. 이 내용을 200~300자의 글로 쓰시오. 단, 글의 제목은 쓰지 마시오.

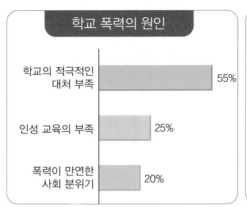

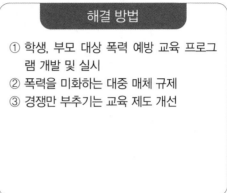

03 다음은 '결제 수단별 사용 비중과 신용 카드의 장단점'에 대한 자료이다. 이 내용을 200~300자의 글로 쓰시오. 단, 글의 제목은 쓰지 마시오.

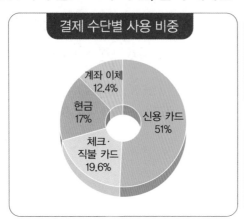

결제 수단별 사용 비중
계좌 이체 12.4%
현금 17%
신용 카드 51%
체크·직불 카드 19.6%

신용 카드의 장점
① 여행을 할 때 편리하다.
② 물건을 살 때 돈을 나눠서 낼 수 있어 부담이 적다.

신용 카드의 단점
① 과소비를 할 위험이 있다.
② 신용 카드를 잃어버리면 큰 피해가 생길 수 있다.

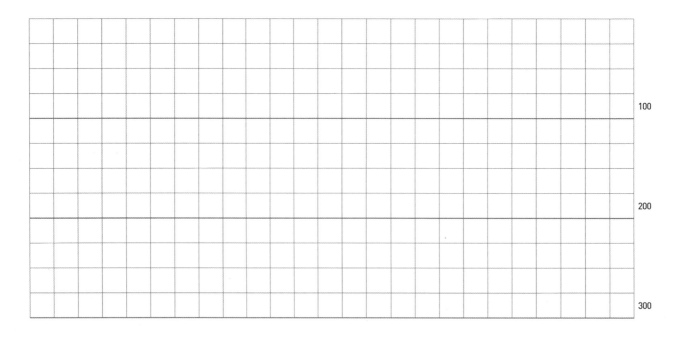

기출 64회 쓰기 53번

04 다음은 '온라인 쇼핑 시장의 변화'에 대한 자료이다. 이 내용을 200~300자의 글로 쓰시오. 단, 글의 제목은 쓰지 마시오.

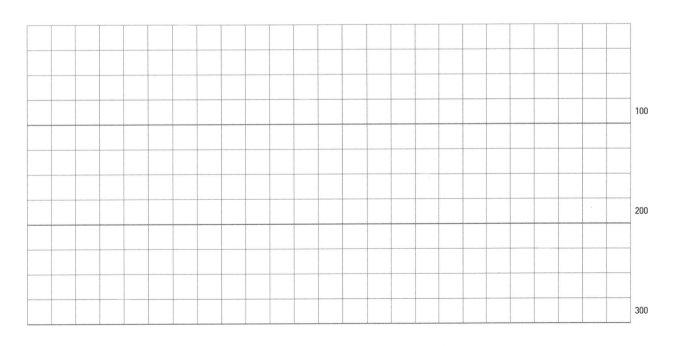

05 다음은 '성별에 따라 중요하게 생각하는 배우자의 기준'에 대한 자료이다. 이 내용을 200~300자의 글로 쓰시오. 단, 글의 제목은 쓰지 마시오.

• 조사 대상: 30대 성인 남자 500명, 여자 500명

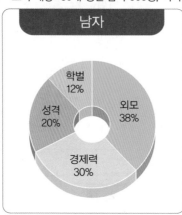

06 다음은 '아침 9시 등교의 장단점'에 대한 자료이다. 이 내용을 200~300자의 글로 쓰시오.
단, 글의 제목은 쓰지 마시오.

장점
① 학생들의 수면 부족 문제를 해결할 수 있다. ② 아침 식사를 하고 학교에 갈 수 있어 학생들의 건강에 좋다.

단점
① 맞벌이 부모들의 경우 아이들을 일찍 학교에 보낼 수 없어 어려움을 느낄 수 있다. ② 수업이 늦게 시작되어 끝나는 시간도 늦어진다.

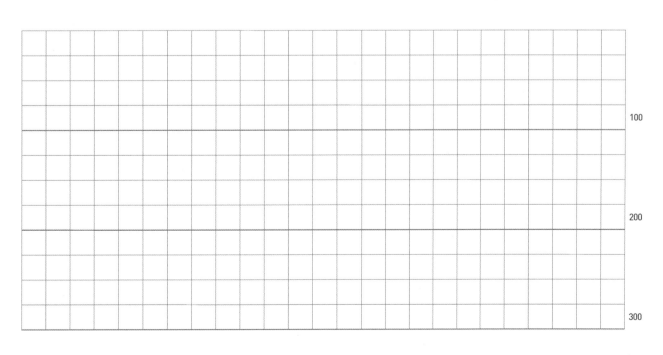

07 다음은 '음주 운전 사고의 현황과 감소 방안'에 대한 자료이다. 이 내용을 200~300자의 글로 쓰시오. 단, 글의 제목은 쓰지 마시오.

음주 운전 사고 연도별 현황

음주 운전 사고 감소를 위한 노력
① 음주 운전 단속 및 벌금 부과 강화
② 인식 개선을 위한 올바른 음주 문화 홍보 캠페인 실시

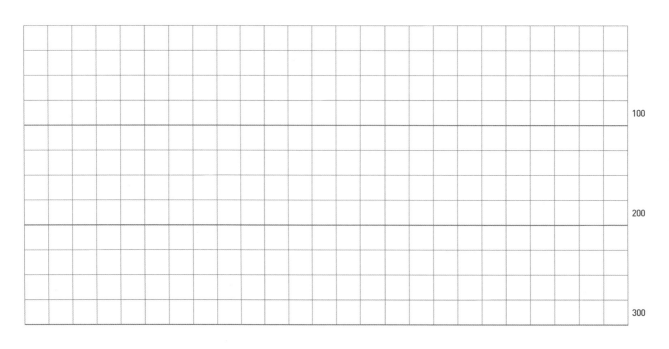

08 다음은 '현대인들의 인터넷 이용'에 대한 자료이다. 이 내용을 200~300자의 글로 쓰시오. 단, 글의 제목은 쓰지 마시오.

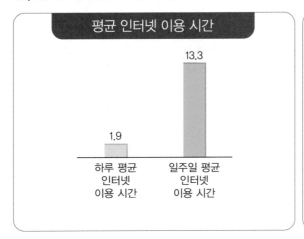

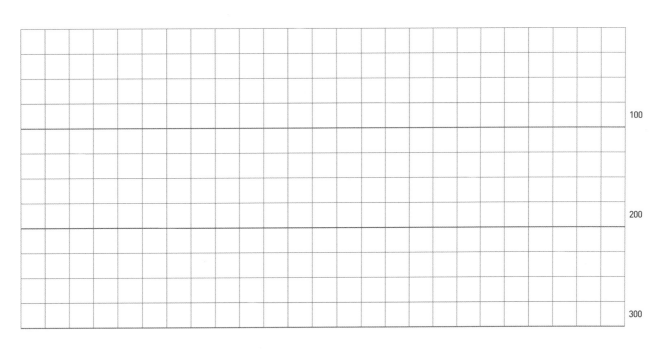

09 다음은 '아이를 꼭 낳아야 하는가'에 대한 자료이다. 이 내용을 200~300자의 글로 쓰시오.

단, 글의 제목은 쓰지 마시오.

- 조사 기관: 결혼문화연구소
- 조사 대상: 20대 이상 성인 남녀 3,000명

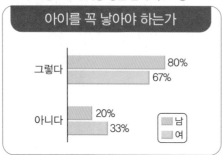

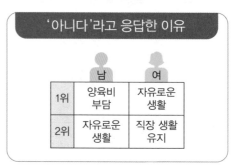

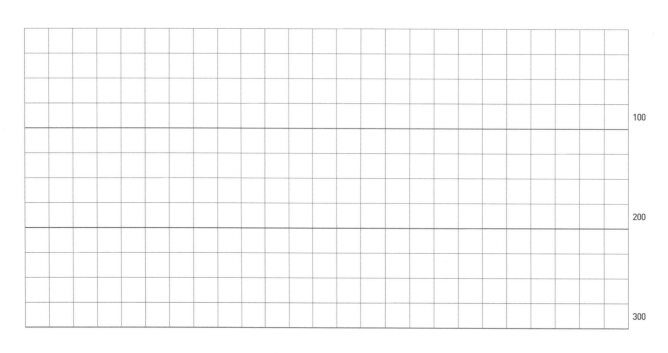

10 다음은 '직장인 출퇴근 시간 현황'에 대한 자료이다. 이 내용을 200~300자의 글로 쓰시오.
단, 글의 제목은 쓰지 마시오.

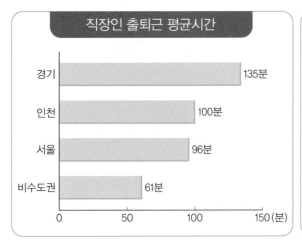

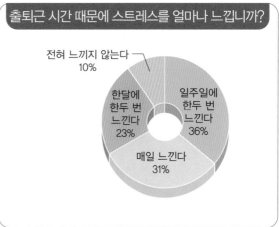

인생의 목적은
끊임없는 전진에 있다.

– 프리드리히 빌헬름 니체(Friedrich Wilhelm Nietzsche)

주제에 대해 글 쓰기

4

Q
다음을 참고하여 600~700자로 글을 쓰시오. 단, 문제를 그대로 옮겨 쓰지 마시오.

목표 풀이 시간 ⏱ 25분

> 사람은 누구나 청소년기를 거쳐 어른이 된다. 아동에서 어른으로 넘어가는 이 시기에 많은 청소년들은 혼란과 방황을 겪으며 성장한다. 아래의 내용을 중심으로 '청소년기의 중요성'에 대한 자신의 생각을 쓰라.

- 청소년기가 중요한 이유는 무엇인가?
- 청소년들은 이 시기에 주로 어떤 특징을 보이는가?
- 청소년의 올바른 성장을 돕기 위해 어떤 노력이 필요한가?

＊원고지 쓰기 예

	별	은		지	구	에	서		멀	리		떨	어	져		있	다	.		그
래	서		별	빛	이		지	구	까	지		오	는		데		많	은		

유형 분석

☑ **54번 유형** '주제에 대해 글 쓰기'는 주어진 주제에 대한 자신의 생각을 장문(600~700자)으로 작성하는 유형입니다.

☑ 주제에 대한 내용을 전개하는 데에 도움이 되는 3개의 질문에 대한 답을 포함하며 내용을 전개합니다.

☑ 글의 내용을 '서론(도입) – 본론(전개) – 결론(맺음)'의 구성에 가깝도록 작성해야 합니다.

☑ 600~700자의 분량을 지키며 고급 수준의 어휘 및 문법을 사용해서 글을 작성해야 합니다.

☑ '쓰기 영역'의 총점 100점 중에서 이 문항이 50점입니다. 고등급을 받기 위해서는 잘 써야만 하는 문항입니다.

주제 파악하기		문제에서 제시된 주제가 무엇인지 확인합니다.

개요 작성하기	서론 (도입)	질문1 ｜ 주제에 대한 이야기를 시작하는 질문이 제시됩니다. 첫 번째 질문에 대한 답을 작성하면서 주제에 대한 이야기를 자연스럽게 시작합니다. 예 청소년기가 중요한 이유는 무엇인가?
	본론 (전개)	질문2 ｜ 두 번째 질문은 주제에 대한 생각을 심화하는 내용으로 제시됩니다. 본론에서 주제와 관련하여 본격적인 내용을 전개합니다. 예 청소년들은 이 시기에 주로 어떤 특징을 보이는가?
	결론 (맺음)	질문3 ｜ 분위기를 전환하며 글을 정리하는 질문이 제시됩니다. 세 번째 질문에 대한 답을 정리하며 글을 마무리합니다. 예 청소년의 올바른 성장을 돕기 위해 어떤 노력이 필요한가?

표현 방법 구상하기	주제와 관련된 적절한 어휘, 문법, 표현 등을 떠올려 본 후 글을 씁니다.

| 주제 파악하기 | '청소년기의 중요성'을 주제로 글을 써야 합니다. |

▼

개요 작성하기

1. **서론**: 청소년기가 중요한 이유 ← 첫 번째 질문에 대한 답
   (1) 자아 정체성을 찾아 가는 과도기임
   (2) 이때 형성된 자아 정체성이 삶에 지속적 영향을 미침
   (3) 올바른 사회 구성원이 되기 위해 준비하는 시기임
2. **본론**: 청소년기의 특징 ← 두 번째 질문에 대한 답
   (1) 아직 자아가 완성되지 않아 심리적으로 불안정함
   (2) 기존의 제도에 저항하려는 경향, 억압하는 어른에 대해 강한 반항심을 보임
   (3) 옳고 그름의 기준 미확립, 주변 영향을 받기 쉬움
3. **결론**: 청소년의 올바른 성장을 돕기 위한 노력 ← 세 번째 질문에 대한 답
   (1) 가정에서는 정서적 지원
   (2) 사회에서는 제도적 지원

▼

**표현 방법
구상하기**

- **어휘**: 정체성, 과도기, 심리적, 혼란, 타인, 평가, 반항심, 정립되다, 일탈, 돌발적, 방황 등
- **문법**: −기도 하다, −기 때문에, −기 쉽다, 그뿐(만) 아니라, −기 위해서는, −도록 하다 등

A+ 답안　평소 청소년에 대해 생각했던 내용이나
알고 있는 정보들을 정리해 보세요.　　　「　」 내용 설명　　　형식/문법 설명

「청	소	년	기	는		자	아		정	체	성	을		찾	아	가	는	
과	도	기	라	는		점	에	서		사	람	의		생	애		중	중
요	한		시	기	이	다	. 」	청	소	년	기	에		형	성	된		자	아

서론 - 청소년기의 특징 　　　　　　 심표(,)와 마침표(.)를 정확하게 구분해서 쓰고, 왼쪽에 치우치게 써야 합니다.

> **서론**
> 청소년기가 중요하다는 것과 그 이유를 적절하게 설명하며 글을 시작했습니다.

정	체	성	은		진	로	나		인	간	관	계	뿐		아	니	라		삶
의		전		영	역	에		지	속	적	인		영	향	을		미	친	다 .
또	한		이		시	기	는		청	소	년	이		올	바	른		사	회
구	성	원	이		되	기		위	해		준	비	하	는		시	기	이	기
도		하	다	.															
	그	러	나		「청	소	년	은		아	직		자	아	가		완	성	되

(100 ← 표시는 "미 친 다 ." 행 오른쪽)

서론이 끝나고 본론의 내용을 쓸 때는 문단을 변경하고 첫 번째 칸을 비웁니다.

지		않	았	기		때	문	에		심	리	적	으	로		불	안	정	해
지	기		쉽	다	.	특	히		가	치	관	의		혼	란	,		타	인	의

(200 ← 표시는 "불 안 정 해" 행 오른쪽)

평가, 또래 집단 내의 압박감 등은 청소년들이 불안정함을 느끼게 되는 주된 요인이다.」「또한 청소년은 기존의 제도에

본론(1) - 청소년기의 특징 ❶: 심리적으로 불안정함

저항하거나 자신을 억압하는 어른에 대해 강한 반항심을 보이기도 한다.」「그뿐 (300)

본론(2) 청소년기의 특징 ❷: 저항과 반항심

아니라 청소년은 아직 옳고 그름의 기준이 정립되지 않았기 때문에 주변 환경의 영향을 받기 쉽다.」이러한 특성으

본론(3) - 청소년기의 특징 ❸: 주변의 영향을 받기 쉬움

로 인하여 어떤 청소년은 일탈이나 돌발적인 행동을 하며 극단적인 경우 자신과 사회에 해를 끼치는 행동을 하기도 한다. (400)

청소년이 건강하게 청소년기를 보내고 미래의 인재로 성장하도록 돕기 위해서는 가정과 사회의 다각적인 노력이 필요하다.「가정에서는 청소년의 특성을 성장을 위한 하나의 과정으로 이해하고 청소년이 건강한 자아 정체성을 형성할 수 있도록 정서적으로 지원할 필요가 있다.」「사회에서는 청소년 심리 상담 센 (500, 600)

결론(1) - 가정에서 청소년을 위해 해야 할 노력

터나 방황하는 청소년을 위한 위탁 시설을 운영하는 등의 제도적 지원을 통해 청소년의 올바른 성장을 도울 수 있을 것이다.」 (700)

결론(2) - 사회에서 청소년을 위해 해야 할 노력

본론 청소년기의 특징에 어떤 것이 있는지 다양하게, 적당한 분량으로 전개했습니다.

결론 청소년기가 중요하므로 이들을 위해 필요한 노력의 구체적인 방법을 전달하며 글을 마무리했습니다.

▌답안 길잡이

청소년기가 중요한 이유, 청소년기의 특징, 청소년의 올바른 성장을 돕기 위해 필요한 노력이 글에 포함되어야 합니다. 이때, 첫 번째 질문에 대한 답의 길이가 너무 길어지지 않도록 하며 중요한 본론의 내용을 분량 내에서 충분하게 서술하는 것이 중요합니다.

|총평| 세 가지 질문의 내용을 충족하며, 어휘와 문법을 다양하게 사용하여 적절한 분량의 글을 작성했습니다.

⒝ 답안

　청소년기는 자아를 만들어 가는 과정이어서 사람이 살아가는 데 있어 중요한 시기이다. 아이에서 어른이 되는 중간적인 시간이기도 하다. 청소년기에 만들어진 자아는 이어지는 삶에서 계속 영향을 준다. 이 시기에 사회 구성원이 되기 위한 준비도 해야 한다.

　청소년은 아직 완전한 어른이 된 것이 아니라서 모든 것에 불안함을 느끼고 어른을 대하는 것을 불편해한다. 그리고 무엇이 옳은것이고, 잘못된 것인지 잘 알 수 없어서 주변의 환경의 영향을 받기 쉽다. 그래서 주변에 좋은 사람이 많아야 하는데 그런 사람이 없을 때 청소년은 옳지 않은 행동을 할 때가 있다.

　그렇기 때문에 가정이나 사회에서 청소년을 잘 돌봐 주어야 한다. 가정에서는 청소년의 정서가 편안하도록 해 주어야 하고, 사회에서는 제도를 통해 청소년이 올바르게 자랄 수 있게 도와주어야 할 것이다.

| 총평 | '그뿐(만) 아니라, 특히, 이러한' 등 문장과 문장을 연결하는 단어와 고급 한자어('형성, 저항, 억압' 등)를 사용하면 더 높은 점수를 받을 수 있습니다.

⒞ 답안

　청소년기를 잘 지나야 좋은 사람을 할 수 있고 좋은 일을 할수 있다. 청소년기는 아이가 어른으로 자라고 변화하는 때이다. 청소년은 아직 결정되지 않은 것이 많다. 좋아하는 것과 싫어하는 것도 자주 달라지고 누가 하라고 하는 것은 보통 하기 싫어한다. 부모님과 선생님의 말도 듣기 싫어한다. 나쁜 친구들은 어울려 놀고 공부 싫어하는 청소년도 많다. 그래서 청소년에게 잘해 주어야 한다. 칭찬과 응원을 많이 해 주고 집에서도 부모가 아이들에게 따뜻해야 한다. 나라에서도 청소년이 바른 생각을 하고 살아갈 수 있게 이야기를 들어 주고 경제적으로 지원을 해 주는 방법을 고민해야 한다. 청소년은 나라의 미래가 된다.

| 총평 | 고급 어휘와 표현을 사용하여 글을 더 길게 써야 하고, '서론–본론–결론'의 단계에 따라 글을 작성해야 합니다. 기본적인 문법 역시 다시 점검해 답안을 발전시켜야 합니다.

① 54번 유형 안내

이 문항은 토픽 쓰기 문제 중에서 가장 어렵고, 수험생들이 토픽 시험을 부담스러워하는 가장 큰 이유이기도 합니다. 따라서 이 문제를 어떻게 해결하느냐에 따라 토픽 시험에서 몇 급을 받는지가 결정된다고도 볼 수 있습니다.

② 54번 유형 접근법

이 문항을 풀기 위해서는 글을 쓰기 전에 미리 시험지 빈 곳에 글로 쓸 내용을 간단히 적으면서 생각을 정리해 보는 것이 도움이 됩니다.

서론	본론	결론
● 청소년기가 중요한 이유는 무엇인가?	● 청소년들은 이 시기에 주로 어떤 특징을 보이는가?	● 청소년의 올바른 성장을 돕기 위해 어떤 노력이 필요한가?
_____	_____	_____
_____	_____	_____
_____	_____	_____

아래의 과정을 따라가다 보면 분명 글 쓰기가 어렵게 느껴지지 않을 것입니다.

① 문제에서 제시된 3개의 질문 확인

문제에는 주제와 관련된 3개의 질문이 제시됩니다. 글에 이 질문에 대한 답이 반드시 들어갈 수 있도록 합니다.

② 분량(600~700자) 채우기

만약 이 부분이 막막할 때는 교재 18쪽의 '쓰기의 기술'로 돌아가서 내용을 한 번 더 확인합니다. 한 번 더 읽었는데도 어렵다면 몇 번이고 더 읽습니다. '쓰기의 기술'에서 알려 주는 글 쓰기 방법만 제대로 익힌다면 장문을 쓰는 것이 쉬워질 것입니다.

③ 문제에서 '~에 대해 찬성/반대하는 글을 쓰십시오.'라고 할 경우

그 의견과 내 생각이 같지 않더라도 찬성하는 글을 써야 합니다. 반대하는 글을 쓸 경우에도 마찬가지입니다. 시험에서는 문제를 출제하는 사람이 제시한 입장에 따라 글을 써야 합니다. 이를 위해서는 평소에 어떤 현상이나 문제에 대해 찬성과 반대 입장을 모두 생각해 보는 연습을 해 두는 것도 많은 도움이 될 것입니다.

④ 자신의 생각이나 의견 포함하기

쓰기 54번 문제의 답안에는 자신의 생각이 반드시 들어가야 합니다. 평소에 관심이 없던 주제라고 하더라도 그동안 뉴스, 신문, 인터넷 등에서 본 내용들을 떠올려서 주제에 대한 생각을 정리한 뒤 글을 완성해 보도록 합시다.

⑤ 단락 나누기

글은 내용에 따라 몇 개의 단락으로 구성되는데, 이때 글 안에서 나뉜 각 단락의 양은 되도록 서로 비슷하게 맞추는 것이 보기에 좋습니다.

❸ 개요 작성 방법

54번 유형은 긴 글을 써야 하므로 빠른 시간 안에 생각을 논리적으로 정리해야 합니다. 이때 생각을 더 구체적으로 적으며 정리하고 싶다면 '개요'를 작성한 후 글을 쓰는 것이 좋습니다.

구분	개요 작성 내용	개요 작성 방법
주제	조기 교육의 장점과 문제점	• 주제를 적습니다.
서론	조기 교육의 개념과 현재의 상황	• 주제에 대한 개념을 간단하게 적을 수 있습니다. • 주제에 대한 현재의 상황을 적을 수 있습니다.
본론	1) 조기 교육의 장점 　(1) 아이의 재능 조기 발견 　(2) 아이의 학업 경쟁력 상승 2) 조기 교육의 단점 　(1) 학습자의 자발성 무시 　(2) 학습자의 내적 동기 약화 3-1) 조기 교육에 찬성 3-2) 조기 교육에 반대	• 문제에서 제시한 질문의 답을 모두 작성합니다. • 3개의 질문에 대한 답을 순서대로 적습니다. • 각 항목에 대해 2개 내외의 의견을 적습니다. • 3에서는 문제에서 요구하는 것에 따라 '찬성 혹은 반대' 중 하나의 입장을 정하여 자신의 생각을 적습니다.
결론	조기 교육의 장점과 문제점 및 (찬성/반대) 의견 정리	• 앞에서 이야기한 내용을 간단하게 정리합니다. • 문제를 해결하는 내용을 적을 수도 있습니다. • 자신의 의견을 분명하게 적는 것이 좋습니다.

쓰기 연습

[주제] 의사소통의 중요성과 방법

[서론] 의사소통의 중요성

[본론] 의사소통의 문제점과 해결 방안

　1) 의사소통이 어려운 이유

　　(1) ＿＿＿＿＿＿ ㉠ ＿＿＿＿＿＿

　　(2) 사고방식의 차이

　2) 의사소통을 원활하게 하는 방법

　　(1) ＿＿＿＿＿＿ ㉡ ＿＿＿＿＿＿

　　(2) 다른 사람의 이야기 잘 듣기

[결론] 의사소통의 중요성 및 상호 배려의 필요성 강조

의사소통 관련 키워드

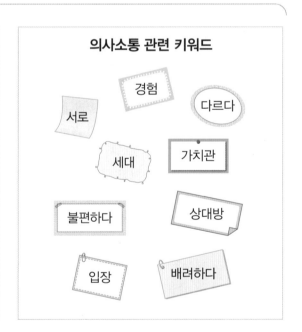

|예시 답안| ㉠ 서로 다른 경험 / ㉡ 상대방을 배려하며 말하기

❶ 주요 어휘

어휘	길잡이 말	어휘	길잡이 말	어휘	길잡이 말
강요	부모의 강요	명예	명예 훼손	억압적이다	억압적인 분위기
고통	을 견디다	반발	을 사다	은폐되다	사건이 은폐되다
공적	공적 제도	반항심	을 갖다	일탈	을 하다
과도기	를 겪다	보장	을 받다	잠재력	을 발견하다
궁극적	궁극적 목표	불신	을 느끼다	제도적	제도적 장치
그르다	행동이 그르다	불안정	심리적 불안정	존중	을 받다
극단적이다	극단적인 결과	사적	사적인 생활	지위	가 높다
극대화	극대화되다	생애	생애 주기	체계적이다	절차가 체계적이다
끼치다	영향을 끼치다	세계관	을 넓히다	침해	를 받다
내적	내적 갈등	신중하다	선택에 신중하다	파급	이 크다
넓히다	길을 넓히다	실시	훈련 실시	편견	을 가지다
다각적	으로 모색하다	악용되다	범죄에 악용되다	피해	를 입다
돌발적이다	돌발적인 행동	압박감	을 느끼다	호기심	이 강하다
마땅히	마땅히 해야 하다	야기하다	혼란을 야기하다	혼란	을 느끼다

❷ 주요 문법

문법	예
−는 데	경쟁하는 데(에), 개선하는 데(에), 발달하는 데(에), 성장하는 데(에) 등
−기도 하다	중요한 시기이기도 하다, 사실이기도 하다, 어렵기도 하다, 행동을 하기도 하다 등
−는 점이다	과도기라는 점이다, 심각하다는 점이다, 문제가 된다는 점이다, 쉽지 않다는 점이다 등
−(으)ㄹ 경우	과도할 경우, 이루어질 경우, 감소할 경우, 간과할 경우, 악용할 경우, 침해할 경우 등
−ㄴ/은/는/지	정확한지, 틀림없는지, 배우고 싶은지, 감당할 수 있는지, 가능성이 있는지 등

❸ 주요 주제

- 동기가 일에 미치는 영향
- 현대 사회에서 필요한 인재
- 조기 교육의 장점과 문제점
- 경제적 여유가 행복에 미치는 영향

- 칭찬의 장점과 단점
- 의사소통의 중요성과 방법
- 내가 생각하는 성공의 기준
- 개인 정보 공개와 시청자의 알 권리

2단계 연습하기

01 다음을 참고하여 600~700자로 글을 쓰시오. 단, 문제를 그대로 옮겨 쓰지 마시오.

> 예전에는 한 직장에 들어가면 그곳이 평생 직장이라는 생각이 지배적이었지만 요즘은 한 직장을 평생 다니는 일이 드물어졌다. 직장을 여러 번 이직하는 사람들이 많아진 것이다. 직장인의 '이직'에 대해 아래의 내용을 중심으로 자신의 생각을 쓰라.

- 평생 직장에 대해 어떻게 생각하는가?
- 이직을 하는 이유는 무엇인가?
- 이직을 할 때 주의해야 할 점에는 어떤 것이 있는가?

* 원고지 쓰기 예

	사	람	들	은		오	늘	보	다		더		나	은		내	일	을	
살	기		위	해		열	심	히		노	력	하	며		하	루	하	루	를

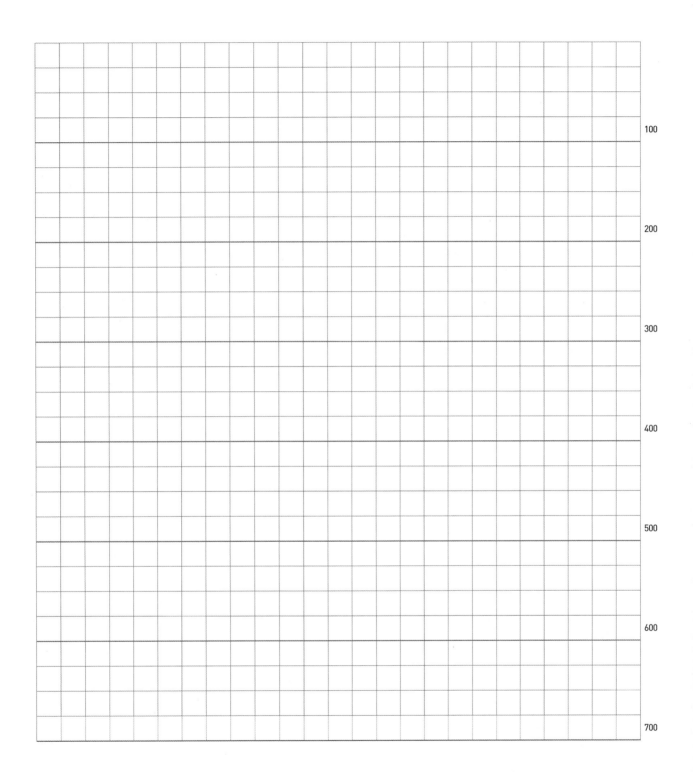

■ 모범 답안

「　」 내용 설명　　형식/문법 설명

「기존의 세대에게는 한 직장에 들어가면 그곳이 '평생 직장'이라는 고정 관념이 있었다. 그러나 요즘은 '평생 직장'이라는 개념이 사라진 지 오래이다. 이제 이직은 자신의 긍정적인 삶을 위한 현명한 결정, 성장을 위한 계기로 인식하는 추세이다.

서론 – '평생 직장'이라는 개념이 사라진 지 오래되었다는 생각을 밝히며 글을 시작했습니다.

왜 이직을 꿈꾸고, 실제로 자주 이직하는 사례가 늘어나고 있는 것일까?

물음표 뒤에는 한 칸 띄어서 씁니다.

요즘 직장인들은 더 다양한 삶의 경험을 위해 여러 직종에서 일해 보기를 원하는 경우가 많다. 한 우물만 파는 것보다 여러 우물을 파서 다른 물의 맛을 보고자 하는 것이다. 또한 젊은 세대는 수입을 위해 모든 것을 참으며 일하던 기존의 방식에서 벗어나고자 한다. 특히, 기업 문화나 직장 상사와의 관계에서 어려움을 겪는 경우에는 무조건 참기만 하는 것보다 이직을 하여 자신이 마음 편하게 능력을 발휘할 수 있는 곳을 택하는 사람들이 점점 늘어나고 있는 것이다.

본론 – 이직을 하는 사례가 늘어나는 이유를 여러 개 작성하였습니다.

　그러나 불만이 생겼을 때마다 직장을

새로 단락을 시작할 때는 가장 앞의 한 칸을 비웁니다.

옮기는 것은 현명한 선택이라고 할 수 없다. 단기간 여러 곳의 회사를 다니다 보면 자신의 업무 능력을 확인하거나 문제가 있는 점을 발견하여 이를 개선할 기회를 놓치게 된다. 그리고 특정한 회사에서 근무한 경력이 지나치게 짧은 경우에는 다른 회사에 입사 지원을 할 때 불리하게 작용할 가능성이 높다. 회사에 잘 적응하지 못해 퇴사했다는 부

선생님과 함께하는 어휘·문법 ✦

고정 관념
이미 굳어져서 쉽게 바뀌지 않는 생각.
예 그는 고정 관념이 강해서 새로운 것을 받아들이지 못했다.
✦ **가치관** 사람이 어떤 것의 가치에 대하여 가지는 태도나 판단의 기준.
예 그 사람은 나와 가치관이 다르다.

계기
어떤 일이 일어나거나 결정되도록 하는 원인이나 기회.
예 이번 일을 계기로 삼아 더욱 열심히 노력하자.
✦ **기회** 어떤 일을 하기에 알맞은 시기나 경우.
예 우리 축구 팀은 상대 팀의 수비를 뚫고 골을 넣을 기회만 노렸다.

현명하다
마음이 너그럽고 슬기로우며 일의 이치에 밝다.
예 현명한 태도와 판단.
✦ **지혜롭다** 사물의 이치를 빨리 깨닫고 옳고 그름을 잘 이해하여 처리하는 능력이 있다.
예 민준이는 기지를 발휘하여 어려운 위기를 지혜롭게 극복하였다.

정	적		인	상	을		심	어		주	기		쉬	워	서	이	다	.		따
라	서		어	느		회	사	에	서		일	을		하	든		최	소	한	
1	년		정	도	의		근	무		경	력	은		쌓	아	야		한	다	.	700

결론 - 이직을 할 때 유의할 점을 작성하며 글의 내용을 마무리했습니다.

답안 길잡이

'평생 직장'이라는 개념이 사라지고 이직이 많아진 원인이 무엇인지 쓰고, 이직을 할 때 주의할 점을 생각하며 작성하도록 합니다.

나의 글 평가해 보기

내용 및 과제 수행	주어진 과제를 충실히 수행하였습니까?	☆☆☆
	주제와 관련된 내용으로 구성하였습니까?	☆☆☆
	주어진 내용을 풍부하고 다양하게 표현하였습니까?	☆☆☆
글의 전개 구조	글의 구성이 명확하고 논리적입니까?	☆☆☆
	글의 내용에 따라 단락 구성이 잘 이루어졌습니까?	☆☆☆
	논리 전개에 도움이 되는 담화 표지를 적절하게 사용하여 조직적으로 연결하였습니까?	☆☆☆
언어 사용	문법과 어휘를 다양하고 풍부하게 사용하며 적절한 문법과 어휘를 선택하여 사용하였습니까?	☆☆☆
	문법, 어휘, 맞춤법 등의 사용이 정확합니까?	☆☆☆
	글의 목적과 기능에 따라 격식에 맞게 글을 썼습니까?	☆☆☆

주제를 확장하는 더 읽을 거리

일과 직업이 중요한 이유는 무엇일까? 사람들은 직업을 가지고 일을 하며 자기 계발을 하는 과정을 통해 보람과 즐거움을 얻는다. 또한 일을 하는 수고의 대가로 수입을 얻어 경제적인 안정을 이룰 수 있고, 사회 구성원으로서는 수입을 이용해 소비 행위를 함으로써 사회 경제에도 이바지한다. 이처럼 일과 직업은 개인의 행복한 삶을 이루는 데 필수적이며 사회적인 측면에서도 중요한 역할을 한다. 사회가 빠르게 변화하면서 직업의 종류도 다양해지고 있다. 자신이 원하는 직업을 찾기 위해서는 다양한 정보 매체를 활용하여 여러 분야의 직업을 살펴보고 직업에 대한 정보를 다양한 경로로 파악해야 한다.

02 다음을 참고하여 600~700자로 글을 쓰시오. 단, 문제를 그대로 옮겨 쓰지 마시오.

> 최근 인터넷 매체가 발전하면서 개인의 정보가 다수에게 노출되는 사례가 많아지고 있다. 이로 인해 여러 가지 문제점이 나타나고 있다. '개인의 정보를 보호하는 방안'에 대해 아래의 내용을 중심으로 자신의 생각을 쓰라.

- 인터넷 매체의 발전과 개인의 정보 노출에는 어떤 관련이 있는가?
- 개인의 정보가 다수에게 노출될 때 나타나는 문제점은 무엇인가?
- 개인의 정보를 보호하기 위한 방법에는 어떤 것이 있는가?

* 원고지 쓰기 예

	사	람	들	은		오	늘	보	다		더		나	은		내	일	을	
살	기		위	해		열	심	히		노	력	하	며		하	루	하	루	를

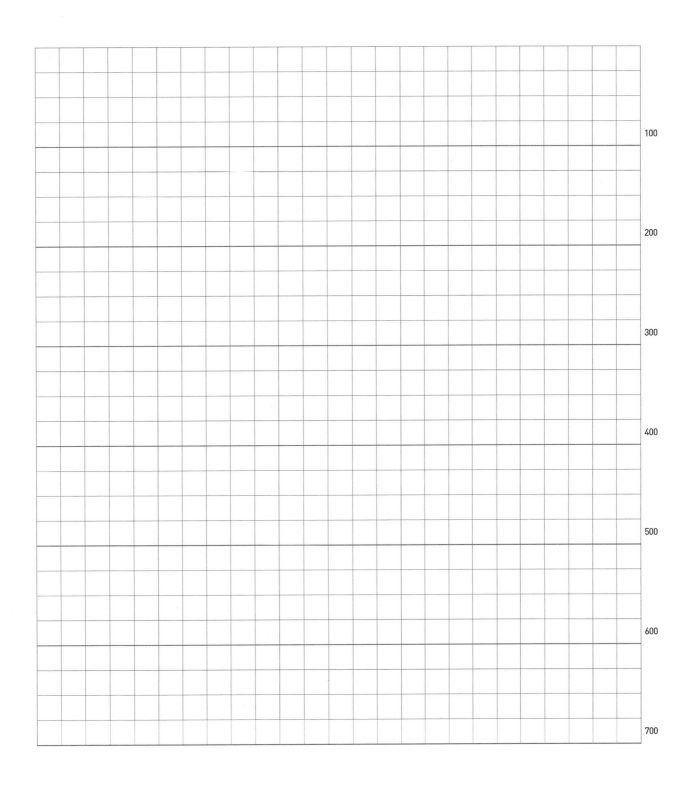

■ 모범 답안

「　」내용 설명　　■ 형식/문법 설명

	과	거	에		인	터	넷		매	체	가		발	달	하	지		않	았
을		때	에	는		개	인	의		정	보	가		노	출	될		일	이
그	다	지		많	지		않	았	다	.		가	까	이		살	고		있	는
사	람	들	만		서	로	의		이	름	과		신	상		정	보	를	
아	는		일	이		대	부	분	이	었	다	.		그	러	나		최	근
인	터	넷		매	체	가		발	달	하	면	서		불	특	정		다	수
에	게		나	의		개	인	적	인		정	보	들	이		노	출	되	는
일	이		급	증	하	고		있	다	.		인	터	넷	으	로		누	군	가
가		어	디	에		사	는	지	,		무	엇	을		좋	아	하	는	지	,

(100)

비슷한 내용 여러 가지를 나열할 때 쉼표(,)를 사용합니다.

가	족	이		누	구	이	며		다	니	는		학	교	와		직	장	이
어	딘	지	도		알		수		있	게		되	었	기		때	문	이	다	.

(200)

서론 – 인터넷 매체의 발전과 개인의 정보 노출의 관련성을 밝혀 적었습니다.

	개	인	의		정	보	가		다	수	에	게		노	출	되	면		그
일	을		당	하	는		피	해	자	는		우	선		정	신	적	으	로
심	각	한		피	해	를		입	게		된	다	.		자	신	의		정	보
를		원	하	지		않	는		타	인	이		알	게		되	는		것
은		불	안	감	을		조	성	한	다	.		최	근	에	는		한		일
반	인	의		사	진	이		해	외	로		유	출	되	어		의	류	를
제	작	하	는		곳	에		사	용	되	면	서		소	송	이		벌	어
진		사	례	도		있	었	다	.		이	뿐	만		아	니	라		개	인
의		계	좌		정	보		등	이		노	출	되	면	서		범	죄	에
악	용	되	어		경	제	적	으	로		큰		피	해	를		입	은	
경	우	도		있	다	.													

(300) (400)

본론 – 개인의 정보가 다수에게 노출될 때 나타나는 문제점을 구체적 사례를 들어 작성했습니다.

	개	인	의		정	보	를		보	호	하	기		위	해	서	는		사
회	적	으	로		적	절	한		제	도	가		마	련	되	어	야		한

'마련되어야∨한다'는 사이를 한 칸 띄어서 씁니다.

다	.		특	정		사	이	트		등	에		가	입	할		때		개	인
정	보	를		과	다	하	게		요	구	하	거	나		사	이	트	에	서
수	집	한		정	보	를		다	른		용	도	로		활	용	하	지	
못	하	게		제	재	하	는		정	책	을		시	행	하	여		개	인
정	보	를		적	절	하	게		보	호	해	야		한	다	.		또	한
개	인	은		자	신	의		소	셜		미	디	어		공	간	에		과
다	한		정	보	가		노	출	되	어		위	험	해	지	지		않	도

(500) (600)

선생님과 함께하는 어휘·문법 ✚

🖊 노출
감추어져 있는 것을 남이 보거나 알 수 있도록 겉으로 드러냄.
- 예 여러 사람이 함께 사용하는 컴퓨터를 쓸 때는 개인 정보 노출을 조심해야 한다.
- ✚ 홍보 널리 알림. 또는 그 소식.
  - 예 신제품 홍보.

🖊 신상
한 사람의 몸. 또는 그 사람의 개인적인 사정이나 형편.
- 예 신상을 밝히다.
- ✚ 조사 어떤 일이나 사물의 내용을 알기 위하여 자세히 살펴보거나 찾아봄.
  - 예 설문 조사.

🖊 급증하다
짧은 기간 안에 갑자기 불어나다.
- 예 인구가 급증하다.
- ✚ 늘어나다 부피나 분량 따위가 본디보다 커지거나 길어지거나 많아지다.
  - 예 재산이 늘어나다.

록		유	의	해	야		한	다	.									

결론 – 개인의 정보를 보호하기 위한 방법을 적절하게 작성하며 글을 마무리했습니다.

700

▌ 답안 길잡이

인터넷 매체가 발달하기 전과 후를 비교하며 글을 시작하고, 인터넷 매체가 발달하면서 개인의 정보 노출이 이루어져 문제가 된 상황을 씁니다. 이때 구체적인 사례를 들면 더욱 좋습니다. 그리고 이를 바탕으로 개인의 정보를 보호하는 방안을 제시하며 글을 마무리합니다.

▌ 나의 글 평가해 보기

내용 및 과제 수행	주어진 과제를 충실히 수행하였습니까?	☆☆☆
	주제와 관련된 내용으로 구성하였습니까?	☆☆☆
	주어진 내용을 풍부하고 다양하게 표현하였습니까?	☆☆☆
글의 전개 구조	글의 구성이 명확하고 논리적입니까?	☆☆☆
	글의 내용에 따라 단락 구성이 잘 이루어졌습니까?	☆☆☆
	논리 전개에 도움이 되는 담화 표지를 적절하게 사용하여 조직적으로 연결하였습니까?	☆☆☆
언어 사용	문법과 어휘를 다양하고 풍부하게 사용하며 적절한 문법과 어휘를 선택하여 사용하였습니까?	☆☆☆
	문법, 어휘, 맞춤법 등의 사용이 정확합니까?	☆☆☆
	글의 목적과 기능에 따라 격식에 맞게 글을 썼습니까?	☆☆☆

📎 주제를 확장하는 더 읽을 거리

인플루언서는 소셜 네트워크 서비스(SNS)에서 수만 명의 팔로워를 보유하며 대중에게 영향력을 행사하는 개인을 말한다. 이들이 특정 제품 또는 특정 브랜드에 대한 의견을 게시하는 것은 다수의 이용자들에게 영향을 미친다. TV 광고에 비해 대중과 가까운 공감대를 형성할 수 있어 소비자들의 반응을 이끌어 내기 쉽기 때문에, 최근에는 여러 기업에서 이들을 통해 제품이나 서비스를 홍보하는 마케팅 방식을 활용하고 있다. 그러나 이렇게 제시되는 정보가 항상 솔직하고 옳은 것은 아니므로 소비자들은 정보가 적절한지 구분하고 비판적으로 수용하는 능력을 가져야 한다.

03 다음을 참고하여 600~700자로 글을 쓰시오. 단, 문제를 그대로 옮겨 쓰지 마시오.

> 오늘날 급속한 사회의 변화와 대중 매체의 영향으로 서로 다른 세대들 사이에 감정이나 가치관의 차이가 심해지고 있다. 이러한 세대 차이로 인해 여러 가지 문제점이 나타나고 있다. '세대 차이를 극복하는 방법'에 대해 아래의 내용을 중심으로 자신의 생각을 쓰라.

- 세대 차이로 인해 발생하는 사회적 문제는 무엇인가?
- 세대 차이가 발생하는 이유는 무엇인가?
- 세대 차이를 극복하기 위한 방법에는 어떤 것이 있는가?

* 원고지 쓰기 예

	사	람	들	은		오	늘	보	다		더		나	은		내	일	을	
살	기		위	해		열	심	히		노	력	하	며		하	루	하	루	를

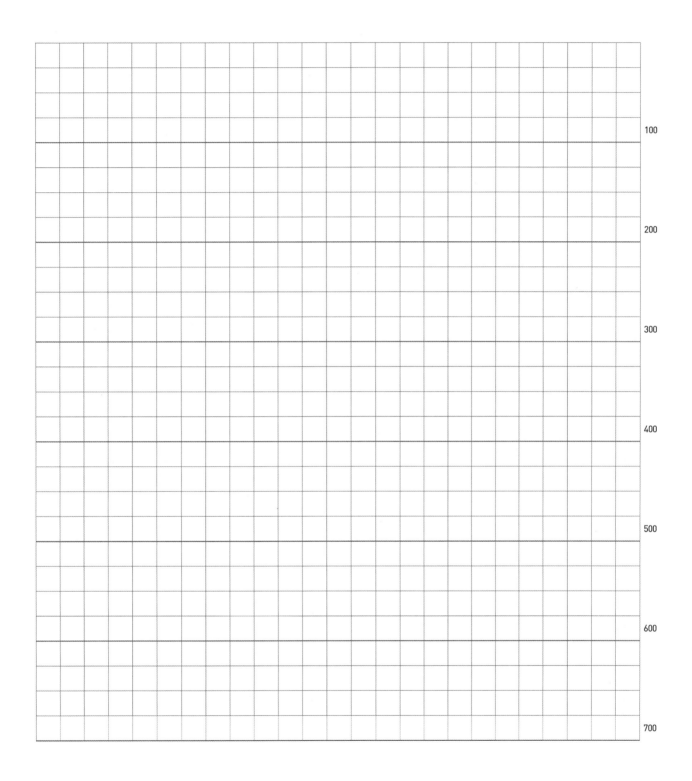

100

200

300

400

500

600

700

모범 답안　　　　　「 」 내용 설명　　　형식/문법 설명

|오|늘|날| |급|속|한| |사|회|의| |변|화|와| |대|중|
|매|체|의| |영|향|으|로| |인|해| |'|세|대| |차|이|'|가|

강조하고 싶은 표현이 있을 때 작은따옴표(' ')를 사용하며, 한 칸씩 차지하게 씁니다.

|커|지|고| |있|다|.| |가|장| |큰| |문|제|점|은| |세|대|

평서문 문장을 끝낼 때는 반드시 마침표(.)를 써야 합니다.

|간|의| |대|화| |단|절|이|다|.| |변|화|의| |속|도|를| |따|
|르|는| |젊|은| |세|대|와| |그|렇|지| |못|한| |기|성|세| 100
|대| |사|이|의| |문|화|의| |차|이|가| |심|해|지|면|서|
|대|화|가| |통|하|지| |않|는| |일|이| |급|증|하|고| |있|
|다|.| |세|대| |간|의| |단|절|은| |가|정|과| |사|회|에|서|
|도| |동|일|하|게| |나|타|나|고| |있|다|.|

서론 - 세대 차이로 인해 발생하는 사회적 문제가 무엇인지 작성했습니다.

| | |이|와| |같|은| |세|대| |차|이|가| |발|생|하|는| |이|
|유|는| |하|나|의| |공|동|체|에|서| |생|활|하|면|서|도| 200
|그| |구|성|원|들|이| |각|기| |다|른| |문|화|를| |향|유|
|하|며|,| |신|조|어| |등| |다|른| |언|어|를| |사|용|하|고|,|
|그| |집|단|만|의| |방|법|으|로| |대|화|하|기| |때|문|이|
|다|.| |모|든| |것|이| |급|속|하|게| |변|화|하|는| |사|회| 300
|에|서| |각|자|의| |문|화|만|을| |누|리|다| |보|니| |격|
|차|가| |발|생|하|게| |되|는| |것|이|다|.| |우|리| |사|회|

'우리' 뒤에 다른 명사가 올 때는 한 칸 띄어 써야 합니다.

|는| |젊|은|이|들|과| |노|인|이| |자|연|스|럽|게| |어|울|
|려| |무|언|가|를| |배|우|고| |나|누|는| |삶|에|서| |멀|
|어|지|고| |있|다|.| 400

본론 - 세대 차이가 발생하는 이유를 구체적으로 밝혀 적었습니다.

| | |세|대| |차|이|를| |극|복|하|기| |위|해|서|는| |서|로|
|의| |문|화|가| |틀|린| |것|이| |아|니|라| |다|른| |것|
|이|라|는| |인|식|을| |지|녀|야| |하|며|,| |시|대|가| |변|
|화|하|고| |있|다|는| |사|실|도| |수|용|해|야| |한|다|.|
|젊|은| |사|람|들|은| |자|신|들|도| |앞|으|로| |노|인|이| 500
|될| |것|을| |알|아|야| |하|며|,| |노|인|들|은| |본|인|들|
|도| |젊|은| |시|절|을| |보|낼| |때| |특|정| |문|화|를|
|향|유|했|음|을| |기|억|해|야| |한|다|.| |이|러|한| |이|해|
|를| |기|반|으|로| |노|력|할| |때|,| |서|로|의| |문|화|를|
|부|정|적|인| |시|선|으|로| |바|라|보|지| |않|고| |호|기| 600
|심| |어|린| |시|선|으|로| |바|라|보|며| |대|화|의| |시|

급속하다
매우 빠르다.
예 근대 이후 과학 기술의 급속한 발전은 인간 생활을 빠르게 바꾸어 놓았다.
＋급증하다 짧은 기간 안에 갑자기 늘어나다.
예 요즈음 국제 교류의 증가로 국제 결혼 인구가 급증하고 있다.

세대
부모가 속한 시대와 그 자녀가 속한 시대의 차이인 약 30년 정도 되는 기간.
예 한 세대 이전만 해도 컴퓨터 사용이 보편화되지 않았다.
＋세기 백 년을 단위로 하는 기간.
예 지구 온난화로 인해 지구의 평균 기온은 지난 세기보다 높아졌다.

향유하다
좋은 것을 가져서 누리다.
예 문화를 향유하다.
＋소유하다 자기의 것으로 가지고 있다.
예 주식을 소유하다.

작	을		열		수		있	다	.		또	한	,		특	정	한		문	화	만
살	아	남	는		것	이		아	니	라	,		다	양	한		문	화	가		
동	등	한		비	중	으	로		공	존	하	게		될		것	이	다	.		

700

결론 - 세대 차이를 극복하기 위한 방법을 제시하며 글을 마무리했습니다.

▮ 답안 길잡이

글자 수를 맞추어 세대 차이의 개념, 이것의 문제점, 해결 방법을 다양하고 구체적으로 제시합니다. 이때, '급속하다', '단절', '지향', '향유하다' 등의 고급 어휘를 활용하면 좋습니다. 이 문제의 경우, 자신의 부모, 조부모(할아버지, 할머니)나 직장 동료들과의 세대 차이를 경험해 본 적이 없는지 생각해 본 후에 글을 작성해 봅시다. 또, 세대 차이 때문에 나타나는 문제점은 나라마다 다를 수 있는데 본인의 나라의 문화와 한국의 문화에서 다른 점을 느꼈다면 그 두 가지 내용을 함께 정리하여 적는 것도 좋은 방법입니다.

▮ 나의 글 평가해 보기

내용 및 과제 수행	주어진 과제를 충실히 수행하였습니까?	☆☆☆
	주제와 관련된 내용으로 구성하였습니까?	☆☆☆
	주어진 내용을 풍부하고 다양하게 표현하였습니까?	☆☆☆
글의 전개 구조	글의 구성이 명확하고 논리적입니까?	☆☆☆
	글의 내용에 따라 단락 구성이 잘 이루어졌습니까?	☆☆☆
	논리 전개에 도움이 되는 담화 표지를 적절하게 사용하여 조직적으로 연결하였습니까?	☆☆☆
언어 사용	문법과 어휘를 다양하고 풍부하게 사용하며 적절한 문법과 어휘를 선택하여 사용하였습니까?	☆☆☆
	문법, 어휘, 맞춤법 등의 사용이 정확합니까?	☆☆☆
	글의 목적과 기능에 따라 격식에 맞게 글을 썼습니까?	☆☆☆

🖇 주제를 확장하는 더 읽을 거리

최근에 등장한 MZ세대라는 용어는 1980년대 초반~2000년대 초반에 출생한 밀레니얼 세대와, 1990년대 중반~2000년대 초반에 출생한 Z세대를 통틀어 부르는 말이다. 이들은 모바일을 활용하며 인터넷 환경에 익숙한 세대로, 최신의 유행에 민감하여 변화에 유연하고 이색적인 경험을 추구한다. 또, 소셜 미디어를 기반으로 현대의 유통 시장에서 큰 영향력을 행사하며 주요한 고객층으로 자리잡고 있다. MZ세대는 집단보다는 개인의 행복을 중요시하며 사회적 가치나 특별한 의미가 있는 물건을 구매하기 위해 돈이나 시간을 아끼지 않음으로써 자신의 신념을 표현한다. 또한 미래보다는 현재의 삶을 행복하게 사는 것을 중시하며 물건을 구입할 때에도 가격보다는 자신의 취향을 소비의 기준으로 삼는다.

04 다음을 참고하여 600~700자로 글을 쓰시오. 단, 문제를 그대로 옮겨 쓰지 마시오.

> 　최근 일반인들을 대상으로 배우, 가수 등의 연예인을 선발하는 TV 오디션 프로그램이 많은 인기를 끌고 있다. 일반인이 연예인이 될 수 있는 좋은 기회라고 보는 입장이 있지만, 이에 대한 부작용을 염려하는 이들도 많다. '일반인을 대상으로 한 오디션 프로그램'에 대해 아래의 내용을 중심으로 자신의 생각을 쓰라.

- 일반인을 대상으로 한 오디션 프로그램의 장점은 무엇인가?
- 일반인을 대상으로 한 오디션 프로그램의 단점은 무엇인가?
- 일반인을 대상으로 한 오디션 프로그램을 진행할 때 유의해야 할 점은 무엇인가?

* 원고지 쓰기 예

	사	람	들	은		오	늘	보	다		더		나	은		내	일	을	
살	기		위	해		열	심	히		노	력	하	며		하	루	하	루	를

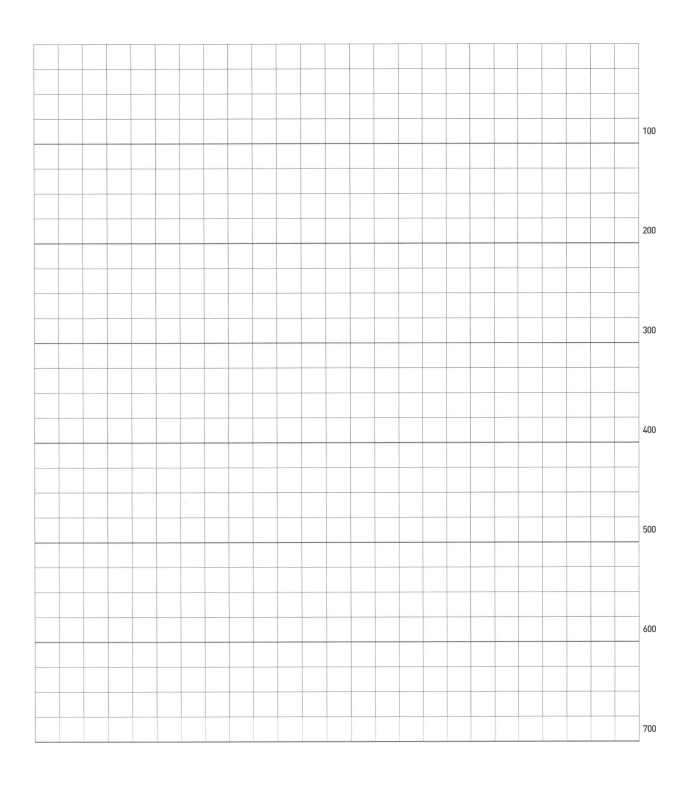

모범 답안

「 」내용 설명   형식/문법 설명

「최근 일반인들을 대상으로 배우나 가
수 등의 연예인을 선발하는 TV 오디
션 프로그램이 많은 인기를 끌고 있다.」

일반인을 대상 오디션 프로그램의 장점을 서술하기 전에 현황을 소개하여 글을 자연스럽게 시작했습니다.

이와 같은 오디션 프로그램을 통해 상
위권에 선발이 되거나 1위를 하면 큰 (100)
상금을 받고 연예인이 되어 **활동할 수**

'활동할∨수∨있는'과 같이 띄어서 씁니다.

있는 기회를 얻게 된다. 이 프로그램의
장점은 연예인이 될 가능성이 있는 일
반인이 자신의 재능을 확인할 수 있는
기회가 되고, 재능이 있지만 미처 발휘 (200)
할 기회가 없었던 사람들이 기획사에
소속되어 활발하게 활동할 수 있게 된
다는 점이다. 또한 이 과정을 지켜보는
시청자들은 나도 오디션 프로그램에 도
전해 봐야겠다는 자극을 받기도 한다.

서론 - 일반인을 대상으로 한 오디션 프로그램의 현황과 그 장점을 정리하여 적었습니다.

그러나 오디션 프로그램에 장점만 있 (300)
는 것은 아니다. 프로그램에 출연하는
일반인들 중 일부는 대중에게 그의 사
생활이 모두 공개되기도 하고, 작은 행
동이나 말 하나로 큰 오해를 받기도
하면서 순식간에 비난의 대상이 되기 (400)
쉽다. 또한 방송사에서 고의적으로 출연
자들의 모습 중 자극적인 부분만을 편
집하여 마케팅에 활용하기도 한다. 그리
고 상위권에 속한 사람들은 주목을 받
게 되지만, 상위권에 속하지 못한 사람 (500)
들은 상대적으로 좌절감을 더 크게 느
낄 수 있다.

본론 - 일반인을 대상으로 한 오디션 프로그램의 단점을 작성했습니다.

 오디션 프로그램이 이러한 단점을 극

새로운 내용으로 단락을 시작할 때는 한 칸을 비웁니다.

복하고자 한다면, 어떻게 연예인이 되는 (600)
지 가감 없이 보여 주어야 하며, 프로

어휘·문법

선발하다
여럿 가운데에서 골라 뽑다.
예 대회 심사 위원인 그는 이번 대회에서 창의력이 돋보이는 작품을 선발할 계획이라고 했다.
+ **선별하다** 일정한 기준을 따라 가려서 따로 나누다.
예 사장님은 지원자들 중에서 재능이 있는 사람들을 선별하여 뽑았다.

오해
어떤 것을 잘못 알거나 잘못 해석함.
예 오해를 풀다.
+ **이해** 무엇이 어떤 것인지를 앎. 또는 무엇이 어떤 것이라고 받아들임.
예 이해를 돕다.

좌절감
계획이나 의지 등이 꺾여 자신감을 잃은 느낌이나 기분.
예 좌절감을 겪다.
+ **실망감** 기대했던 대로 되지 않아 희망을 잃거나 마음이 몹시 상한 느낌.
예 실망감이 크다.

그	램	을		진	행	하	는		방	송	사	에	서	는		출	연	하	는
일	반	인	들	이		대	중	의		공	격		대	상	이		되	지	
않	도	록		사	생	활	의		노	출		수	위	를		고	려	해	야
할		것	이	다	.														

결론 – 일반인을 대상으로 한 오디션 프로그램을 진행할 때 유의해야 할 점을 적으며 글을 마무리했습니다.

700

▌ 답안 길잡이

'일반인을 대상으로 한 오디션 프로그램'의 장점과 단점을 쓰고, 이러한 프로그램을 진행할 때 신경 써야 하는 부분이 무엇일지 씁니다. 이때 단점과 관련이 있는 내용으로 작성하면 수월할 것입니다.

▌ 나의 글 평가해 보기

내용 및 과제 수행	주어진 과제를 충실히 수행하였습니까?	☆☆☆
	주제와 관련된 내용으로 구성하였습니까?	☆☆☆
	주어진 내용을 풍부하고 다양하게 표현하였습니까?	☆☆☆
글의 전개 구조	글의 구성이 명확하고 논리적입니까?	☆☆☆
	글의 내용에 따라 단락 구성이 잘 이루어졌습니까?	☆☆☆
	논리 전개에 도움이 되는 담화 표지를 적절하게 사용하여 조직적으로 연결하였습니까?	☆☆☆
언어 사용	문법과 어휘를 다양하고 풍부하게 사용하며 적절한 문법과 어휘를 선택하여 사용하였습니까?	☆☆☆
	문법, 어휘, 맞춤법 등의 사용이 정확합니까?	☆☆☆
	글의 목적과 기능에 따라 격식에 맞게 글을 썼습니까?	☆☆☆

📎 주제를 확장하는 더 읽을 거리

연예 기획사에는 캐스팅이나 오디션 등을 통해 연예인으로 배출할 인재를 뽑아 교육시키는 연습생 제도가 있다. 연습생 제도란 짧게는 몇 개월, 길게는 몇 년이라는 시간 동안 연습생이라는 신분으로 기획사의 시스템에 따라 연예인이 될 준비를 하는 것이다. 춤과 노래, 연기를 비롯하여 외국어와 기타 예능 프로그램에 필요한 개인기까지 교육받기도 한다. 과거에는 이러한 육성 시간 동안 투자한 비용을 연예계 데뷔 이후 수익에서 차감하기도 하였으나, 현재는 관련 법이 개정되어 연습생들에게 투자한 비용을 회수하지 않는다.

05 다음을 참고하여 600~700자로 글을 쓰시오. 단, 문제를 그대로 옮겨 쓰지 마시오.

> 　　최근 대학생들이 스펙(직장을 구하는 사람들 사이에서 학력, 학점, 토익 점수 따위를 합한 것을 이르는 말) 쌓기에 열중하고 있다고 한다. 대학은 본래 인성과 교양을 쌓기 위한 학문을 하는 곳임에도 불구하고, 취업이 어려운 요즈음 시대에는 취업을 위한 준비가 더 중요해진 것이다. '대학생 스펙 쌓기 열풍'에 대해 아래의 내용을 중심으로 자신의 생각을 쓰라.

- 스펙 쌓기란 무엇인가?
- 스펙 쌓기의 문제점은 무엇인가?
- 이 문제를 해결하기 위한 방법에는 어떤 것이 있는가?

* 원고지 쓰기 예

	사	람	들	은		오	늘	보	다		더		나	은		내	일	을	
살	기		위	해		열	심	히		노	력	하	며		하	루	하	루	를

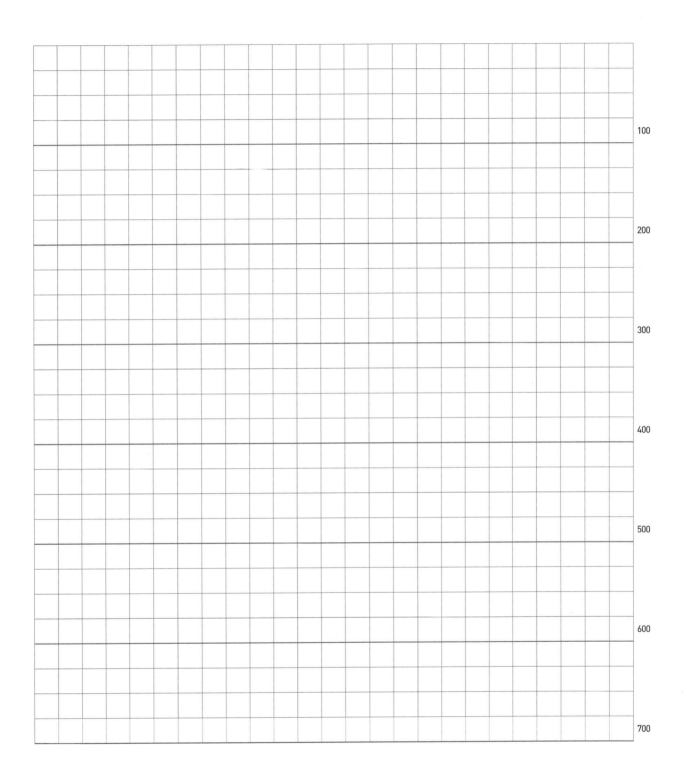

모범 답안

대학은 본래 중·고등학교에서 입시 위주로 공부를 했던 것에서 벗어나, 인성과 교양을 쌓고 자신이 탐구하고자 하는 영역을 선택하여 오랜 기간 연구하기 위한 학문을 하는 곳이다. 그러나 [100] 최근에는 대학이 취업을 위한 준비과정 중의 하나 정도로 여겨져 그 의미가 퇴색되었다. 취업난이 심각해지고, 그에 따라 취업을 위한 경쟁이 심화되면서 각종 외국어 점수나 자격증을 따기 [200] 위해 열중하는 이른바 '스펙 쌓기 열풍'이 불고 있는 것이다.

서론 – 대학생 스펙 쌓기 열풍의 현황과 스펙 쌓기의 의미를 적절하게 설명했습니다.

다양한 영역에서 자신의 능력을 향상시키는 것을 나쁘게만 볼 수는 없을 것이다. 하지만 여기서 문제가 되는 것[300]은 이러한 스펙을 쌓는 것이 오로지 취업을 위한 것이라는 사실이다. 그래서 정작 취업 후에는 대인관계 형성 등에 어려움을 겪고, 취업에 실패했을 때 대학생활은 아무런 의미가 없게 된다.[400] 순수하게 자신의 관심사에 따라 공부를 하고 그로 인해 성취감을 느낀다면 그것은 바람직한 현상이다. 그러나 대학에서 젊은 시절의 추억을 쌓는 것, 진정

쉼표(,) 뒤의 내용은 한 칸을 비우지 않고 이어서 씁니다.

한 학문에 정진하는 것은 모두 뒤로 한[500]

'뒤로하다'는 뒤에 둔다는 뜻으로 붙여 써야 합니다.

채, 취업 준비에만 열중하는 것은 안타까운 일이 아닐 수 없다.

본론 – 스펙 쌓기의 문제점을 자세하게 작성하였습니다.

이 문제를 해결하기 위해서는 대학의 교육이 취업에도 도움이 될 수 있게 학교 차원에서 기업과의 연계가 잘 이[600]루어져야 한다. 또한 여러 기업에서도 단순히 스펙이 좋은 인재가 아닌, 인성

선생님과 함께하는 어휘·문법 ✚

인성
사람의 성질이나 됨됨이.
- 예 그는 선한 인성을 가지고 있어 어려운 사람들을 도와주는 것을 좋아한다.
- ✚ 본성 사람이나 동물이 태어날 때부터 가진 성질.
  - 예 본성을 드러내다.

교양
사회적 경험이나 학식을 바탕으로 사회생활, 문화 등 여러 분야에 걸쳐 쌓은 지식이나 품위.
- 예 책을 많이 읽으면 교양을 쌓을 수 있을 거야.
- ✚ 전공 어떤 분야를 전문적으로 연구하거나 공부함. 또는 그 분야.
  - 예 경제학과를 졸업한 민준이는 전공을 살려서 은행에 취직했다.

열풍
매우 거세게 일어나는 기운이나 현상.
- 예 순수 예술가들이 대중 예술가들의 열풍에 가려 제대로 평가받지 못하고 있는 듯하다.
- ✚ 강풍 세차게 부는 바람.
  - 예 주말에는 태풍의 영향으로 전국에 강풍을 동반한 집중 호우가 내릴 전망이다.

쌓다
오랫동안 기술이나 경험, 지식 등을 많이 익히다.
- 예 실력을 쌓다.
- ✚ 무너지다 높이 쌓이거나 서 있던 것이 허물어지거나 흩어지다.
  - 예 건물이 무너지는 사고로 안에 있던 사람들이 크게 다쳤다.

과		지	성	을		겸	비	한		인	재	를		선	발	하	는		문
화	를		형	성	해		나	가	도	록		해	야		한	다	.		

결론 – 스펙 쌓기의 문제점을 해결하기 위한 방법을 구체적으로 적었습니다.

																			700

📋 답안 길잡이

'대학생 스펙 쌓기 열풍'이 일어나고 있는 현황을 스펙 쌓기의 의미와 함께 서술하고 본론에서는 이러한 열풍의 문제점을 구체적으로 작성하면 됩니다. 이에 대한 해결 방안을 제시합니다. 두 번째 질문에서 문제점은 무엇인지 묻고 있으므로, 서론에서 이와 관련된 내용을 간략하게 언급하여도 좋습니다.

📋 나의 글 평가해 보기

내용 및 과제 수행	주어진 과제를 충실히 수행하였습니까?	☆☆☆
	주제와 관련된 내용으로 구성하였습니까?	☆☆☆
	주어진 내용을 풍부하고 다양하게 표현하였습니까?	☆☆☆
글의 전개 구조	글의 구성이 명확하고 논리적입니까?	☆☆☆
	글의 내용에 따라 단락 구성이 잘 이루어졌습니까?	☆☆☆
	논리 전개에 도움이 되는 담화 표지를 적절하게 사용하여 조직적으로 연결하였습니까?	☆☆☆
언어 사용	문법과 어휘를 다양하고 풍부하게 사용하며 적절한 문법과 어휘를 선택하여 사용하였습니까?	☆☆☆
	문법, 어휘, 맞춤법 등의 사용이 정확합니까?	☆☆☆
	글의 목적과 기능에 따라 격식에 맞게 글을 썼습니까?	☆☆☆

📎 주제를 확장하는 더 읽을 거리

요즘은 블라인드 채용 방식을 활용하여 직원을 채용하는 기업이 많아지고 있다. 블라인드 채용이란 나이, 성별, 학력, 신체 조건, 출신 지역 등의 개인 정보를 제외하고 경력만 확인하여 합격 여부를 결정하는 것이다. 아직 국내에서는 나이를 묻지 않는 정도의 가벼운 단계로 블라인드 채용을 진행하는 경우가 많다. 이와 같은 방법을 사용하는 이유는 개인의 능력과 무관한 것들이 채용에 영향을 미치는 것이 공정하지 않다고 생각하는 경우가 많아지고 있기 때문이다. 따라서 이후에도 취업 지원자의 배경보다 능력을 확인하고자 하는 기업 채용 담당자들이 더 늘어날 것으로 예상된다.

06 다음을 참고하여 600~700자로 글을 쓰시오. 단, 문제를 그대로 옮겨 쓰지 마시오.

> 형편이 어려운 사람들을 돕는 기부 문화가 활성화되고 있다. 이전에는 물질적인 것을 기부하는 경우가 많았는데 최근에는 자신이 갖고 있는 재능을 기부하는 형태가 유행하고 있다. '재능 기부'에 대해 아래의 내용을 중심으로 자신의 생각을 쓰라.

- 재능 기부란 무엇인가?
- 재능 기부의 사례에는 어떤 것들이 있는가?
- 재능 기부를 하면 어떤 점이 좋고, 재능 기부를 활성화하기 위해서는 어떻게 해야 하는가?

* 원고지 쓰기 예

	사	람	들	은		오	늘	보	다		더		나	은		내	일	을	
살	기		위	해		열	심	히		노	력	하	며		하	루	하	루	를

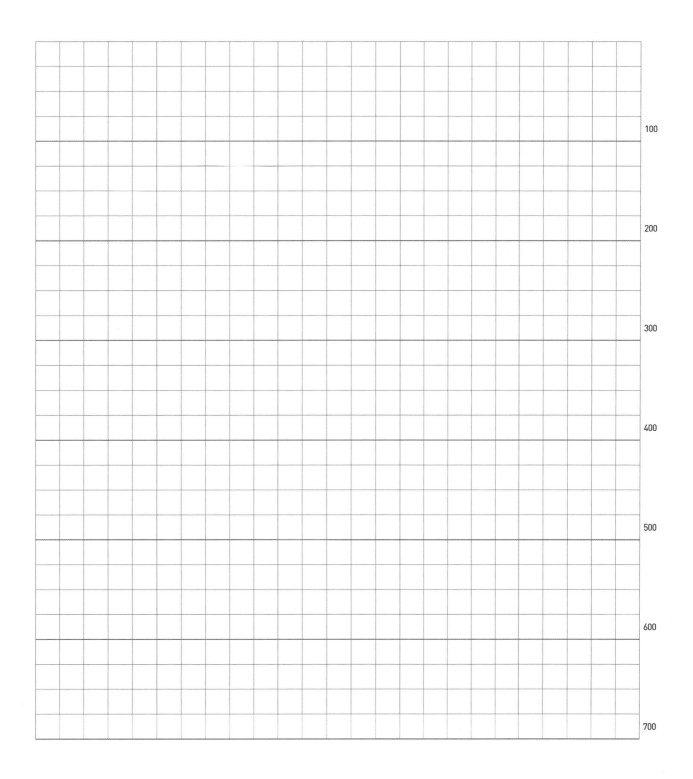

100

200

300

400

500

600

700

모범 답안

「 」 내용 설명　　▢ 형식/문법 설명

'재능 기부'는 자신의 재능을 기부하는 것으로, 물질적인 것을 기부하던 이전의 기부 문화에서 나아가 최근에 유행하는 기부 형태이다.

강조하고 싶은 표현이 있을 때 작은따옴표(' ')를 사용합니다.

서론 - 재능 기부의 의미를 설명하며 글을 시작했습니다.

재능 기부는 건축에 재능이 있다면 집이 없는 빈곤층을 위해 집을 지어 주고, 부서진 집을 수리해 주는 등의 방식으로 진행된다. 어려운 가정 형편으로 교육의 기회가 충분하지 않은 아이들에게 공부를 가르쳐 주고, 미용사 자격증을 보유하고 있다면 동네 어르신이나 몸이 불편한 장애인을 찾아가 머리를 다듬어 주거나 파마를 해 주는 것도 재능 기부이다.

본론 - 재능 기부의 구체적 사례를 여러 개 들었습니다.

이러한 재능 기부는 특정한 전문직 종만 할 수 있는 것이 아니다. 돈도 필요하지 않다. 기부하려는 마음과 의지가 있다면 얼마든지 남을 돕는 일에 동참하면서 보람을 느낄 수 있다. 자신이 지니고 있는 작은 재능이 다른 사람들에게 큰 도움이 될 수 있다는 것은 분명 행복한 일이다.

결론(1) - 재능 기부를 하면 좋은 점을 설명했습니다.

또한 재능 기부를 받는 사람도 물질이 아닌 마음으로 돕는 기부자들에게 삶의 위안을 얻고, 어려운 삶을 극복해

형용사 뒤에 명사가 올 때는 사이의 한 칸을 띄우고 씁니다.

나갈 수 있는 힘을 얻게 된다. 이러한 재능 기부를 활성화하기 위해서는 우선 재능 기부에 대한 정보가 공유될 수 있도록 적극적인 홍보가 필요하다. 그리고 재능 기부에 필요한 물품이나 장소 등을 지원하는 정책이 실시되어야 할

선생님과 함께하는
어휘·문법➕

✏ **기부**
다른 사람이나 기관, 단체 등을 도울 목적으로 돈이나 재산을 대가 없이 내놓음.
　예 김 회장이 전 재산을 자식에게 전혀 상속하지 않고 사회에 기부를 해서 화제가 되고 있다.
　➕ **유산** 이전 세대가 물려준 것.
　예 조상에게 물려받은 아름다운 강산은 우리 후대에게 물려주어야 할 소중한 유산이다.

✏ **물질적**
물질에 관련된 것.
　예 이 지역은 홍수로 큰 피해를 입어 정부의 물질적인 지원이 필요하다.
　➕ **정신적** 정신에 관계되는 것.
　예 정신적인 피해.

✏ **활성화**
사회나 조직 등의 기능이 활발함. 또는 그러한 기능을 활발하게 함.
　예 영화 산업을 발전시키기 위해서는 국민들의 문화 생활의 활성화를 꾀해야 한다.
　➕ **유발되다** 어떤 것이 원인이 되어 사건이나 현상이 일어나다.
　예 과도한 스트레스를 받으면 두통이 유발되기 쉽다.

142 | TOPIKⅡ 쓰기

것	이	다	.																

결론(2) - 재능 기부를 활성화할 수 있는 구체적 안을 제시하며 글을 마무리했습니다.

																			700

▌ 답안 길잡이

'재능 기부'의 개념과 구체적인 사례를 씁니다. 그리고 이러한 재능 기부가 활성화되어야 하는 이유와 활성화 방안을 정리해 봅니다. 특히 토픽 시험에서는 복지나 기부, 봉사와 관련된 주제가 자주 출제되는 편이니 관련된 내용을 알아 두면 좋습니다.

▌ 나의 글 평가해 보기

내용 및 과제 수행	주어진 과제를 충실히 수행하였습니까?	☆☆☆
	주제와 관련된 내용으로 구성하였습니까?	☆☆☆
	주어진 내용을 풍부하고 다양하게 표현하였습니까?	☆☆☆
글의 전개 구조	글의 구성이 명확하고 논리적입니까?	☆☆☆
	글의 내용에 따라 단락 구성이 잘 이루어졌습니까?	☆☆☆
	논리 전개에 도움이 되는 담화 표지를 적절하게 사용하여 조직적으로 연결하였습니까?	☆☆☆
언어 사용	문법과 어휘를 다양하고 풍부하게 사용하며 적절한 문법과 어휘를 선택하여 사용하였습니까?	☆☆☆
	문법, 어휘, 맞춤법 등의 사용이 정확합니까?	☆☆☆
	글의 목적과 기능에 따라 격식에 맞게 글을 썼습니까?	☆☆☆

🔗 주제를 확장하는 더 읽을 거리

어려운 사람을 돕기 위해 후원을 하는 사람들이 많아지고 있다. 후원 종류는 대상에 따라 아동 후원, 청소년 후원, 지역 후원 등으로 나눌 수도 있고, 지역에 따라 국내 후원과 해외 후원으로 나눌 수도 있다. 그리고 후원을 할 때에는 후원자의 선택에 따라 일시적으로 후원을 할 수도 있고 장기적으로 반복해서 할 수도 있다. 이러한 후원을 관리하는 비영리 단체들은 후원을 홍보할 수 있는 다양한 캠페인으로 후원금을 모금한 후 도움이 필요한 사람들을 돕는 사업을 진행한다. 금전적인 후원에 참여하는 것이 어렵다면 교육, 번역, 행정 봉사 등으로 비영리 단체의 활동에 도움을 주는 방법도 고려해 볼 수 있다.

3단계 정복하기

기출 60회 쓰기 54번
01 다음을 참고하여 600~700자로 글을 쓰시오. 단, 문제를 그대로 옮겨 쓰지 마시오.

> 요즘은 아이가 학교에 들어가기 전 어릴 때부터 악기나 외국어 등 여러 가지를 교육하는 경우가 많다. 이러한 조기 교육은 좋은 점도 있지만 문제점도 있다. 아래의 내용을 중심으로 '조기 교육의 장점과 문제점'에 대해 자신의 의견을 쓰라.

- 조기 교육의 장점은 무엇인가?
- 조기 교육의 문제점은 무엇인가?
- 조기 교육에 찬성하는가, 반대하는가? 근거를 들어 자신의 의견을 쓰라.

* 원고지 쓰기 예

	사	람	들	은		음	악		치	료	를		할		때		환	자	에
게		주	로		밝	은		분	위	기	의		음	악	을		들	려	줄

■ 스스로 개요 짜 보기

서론
- 조기 교육의 장점은 무엇인가?

본론
- 조기 교육의 문제점은 무엇인가?

결론
- 조기 교육에 찬성하는가, 반대하는가? 근거를 들어 자신의 의견을 쓰라.

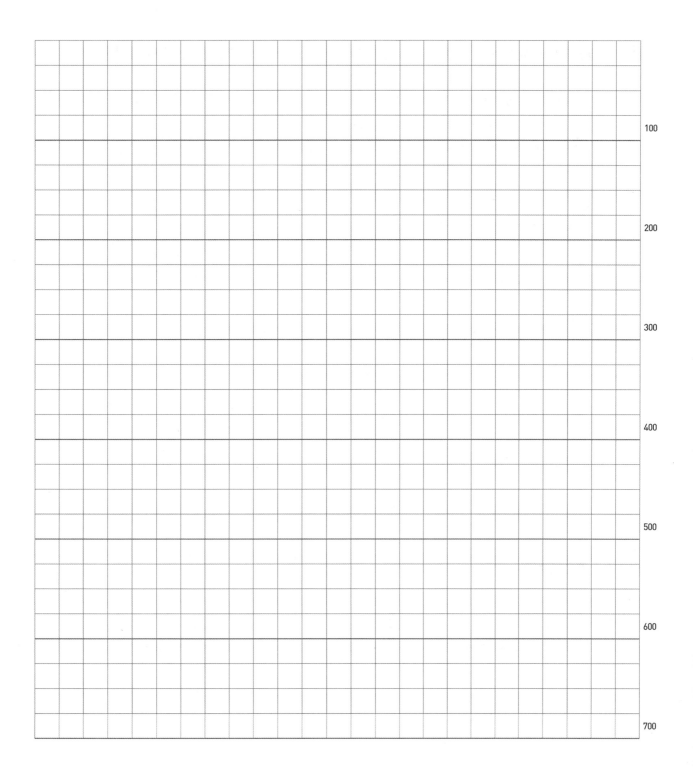

02 다음을 참고하여 600~700자로 글을 쓰시오. 단, 문제를 그대로 옮겨 쓰지 마시오.

> 대부분의 청소년들은 대학 입학을 위해 배우는 과목 이외에 다양한 경험을 접할 기회가 많지 않다. 최근 이러한 청소년을 위해 문화 예술 교육을 시행해야 한다는 주장이 나오고 있다. '청소년 대상 문화 예술 교육'에 대해 아래의 내용을 중심으로 자신의 생각을 쓰라.

- 문화 예술의 구체적인 의미는 무엇인가?
- 청소년기에 문화 예술 교육이 왜 필요한가?
- 문화 예술 교육을 잘 시행할 수 있는 구체적인 방법에는 어떤 것들이 있는가?

* 원고지 쓰기 예

	사	람	들	은		오	늘	보	다		더		나	은		내	일	을	
살	기		위	해		열	심	히		노	력	하	며		하	루	하	루	를

▌ 스스로 개요 짜 보기

서론
- 문화 예술의 구체적인 의미는 무엇인가?

본론
- 청소년기에 문화 예술 교육이 왜 필요한가?

결론
- 문화 예술 교육을 잘 시행할 수 있는 구체적인 방법에는 어떤 것들이 있는가?

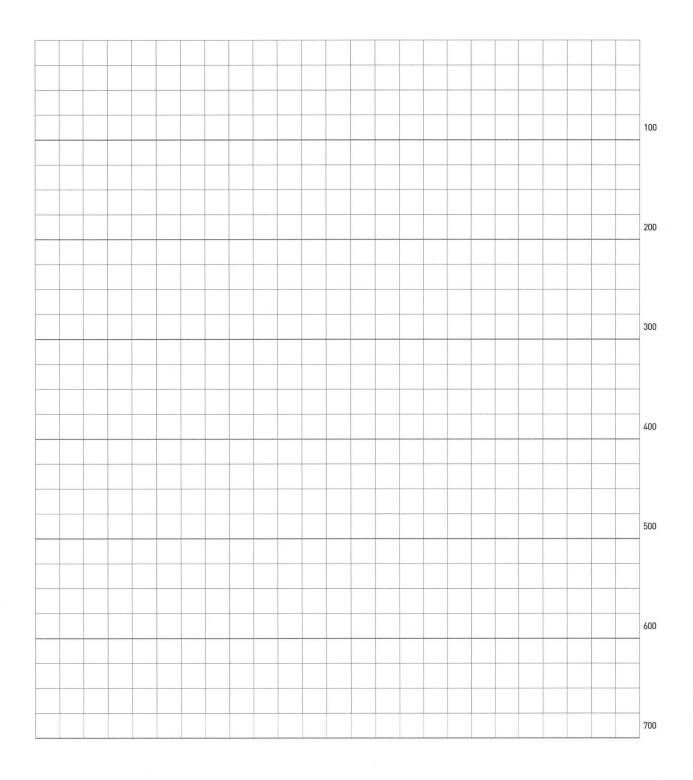

03 다음을 참고하여 600~700자로 글을 쓰시오. 단, 문제를 그대로 옮겨 쓰지 마시오.

> 요즘 드라마나 영화에서 특정 회사 제품을 노출하는 간접 광고를 많이 볼 수 있다. 그런데 이런 간접 광고의 양이 지나치게 많아지면서 여러 가지 문제점이 나타나고 있다. '간접 광고의 적절한 활용 방안'에 대해 아래의 내용을 중심으로 자신의 생각을 쓰라.

- 간접 광고 활용의 사례에는 어떤 것들이 있는가?
- 간접 광고가 많아지면서 나타나는 문제점은 무엇인가?
- 문제점을 해결하기 위한 방법에는 무엇이 있는가?

* 원고지 쓰기 예

	동	화	는		어	린	이	가		읽	는		책	이	라	는		인	식
이		지	배	적	이	었	다	.		그	러	나		요	즘	은		동	화	를

스스로 개요 짜 보기

서론
- 간접 광고 활용의 사례에는 어떤 것들이 있는가?

본론
- 간접 광고가 많아지면서 나타나는 문제점은 무엇인가?

결론
- 문제점을 해결하기 위한 방법에는 무엇이 있는가?

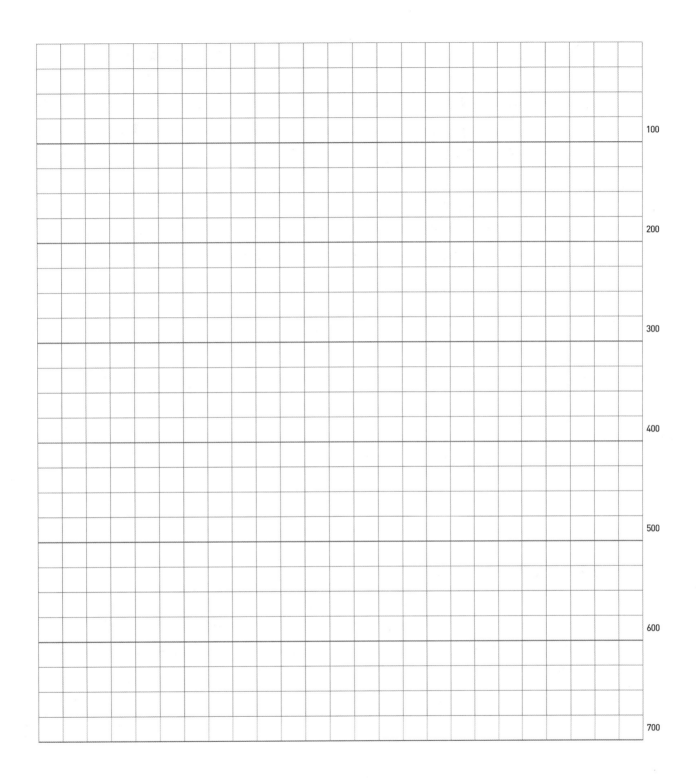

04 다음을 참고하여 600~700자로 글을 쓰시오. 단, 문제를 그대로 옮겨 쓰지 마시오.

> 지하철 노선도를 잘 읽지 못하거나, 의약품 설명서의 내용을 이해하지 못하는 사람들이 있다. 이는 일상적인 문서를 이해하는 능력이 부족하기 때문이다. 이러한 상황을 참고하여, '일상생활에서 필요한 문서 이해 능력'에 대해 아래의 내용을 중심으로 자신의 생각을 쓰라.

- 우리가 이해해야 하는 일상적인 문서에는 어떤 것들이 있는가?
- 일상적인 문서를 잘 읽지 못하면 어떤 문제가 발생하는가?
- 일상적인 문서를 해독하는 능력을 키우려면 어떻게 해야 하는가?

＊원고지 쓰기 예

	조	각	보	를		만	들		때	는		쓰	는		사	람	이		복
을		받	기	를		바	라	는		마	음	으	로		바	느	질	을	

▌ 스스로 개요 짜 보기

서론
- 우리가 이해해야 하는 일상적인 문서에는 어떤 것들이 있는가?

본론
- 일상적인 문서를 잘 읽지 못하면 어떤 문제가 발생하는가?

결론
- 일상적인 문서를 해독하는 능력을 키우려면 어떻게 해야 하는가?

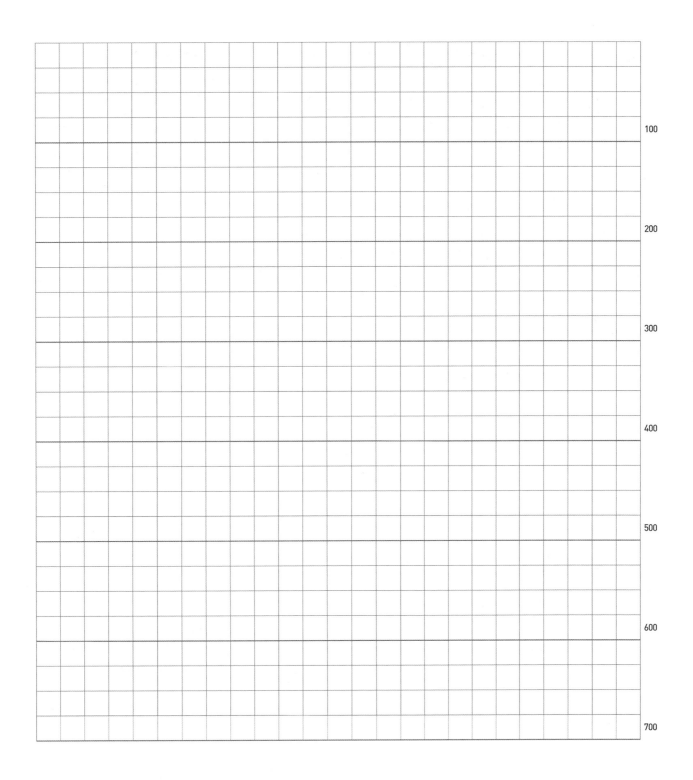

100

200

300

400

500

600

700

05 다음을 참고하여 600~700자로 글을 쓰시오. 단, 문제를 그대로 옮겨 쓰지 마시오.

> 현대 사회에서는 정보를 찾고 관리하는 능력이 중요하게 여겨진다. 이러한 현대 사회의 특성을 참고하여, '현대 사회에서 필요한 정보 관리 능력'에 대해 아래의 내용을 중심으로 자신의 생각을 쓰라.

- 정보 관리 능력이 필요한 이유는 무엇인가?
- 현대 사회에서 필요한 정보 관리 방법에는 어떤 것이 있는가?
- 정보 관리 능력을 가지기 위해서 어떤 노력이 필요한가?

* 원고지 쓰기 예

	사	람	들	은		꿀	이		건	강	에		좋	은		식	품	이	라
고		생	각	한	다	.	하	지	만		꿀	은		당	뇨	병		환	자

 스스로 개요 짜 보기

서론	본론	결론
● 정보 관리 능력이 필요한 이유는 무엇인가?	● 현대 사회에서 필요한 정보 관리 방법에는 어떤 것이 있는가?	● 정보 관리 능력을 가지기 위해서 어떤 노력이 필요한가?

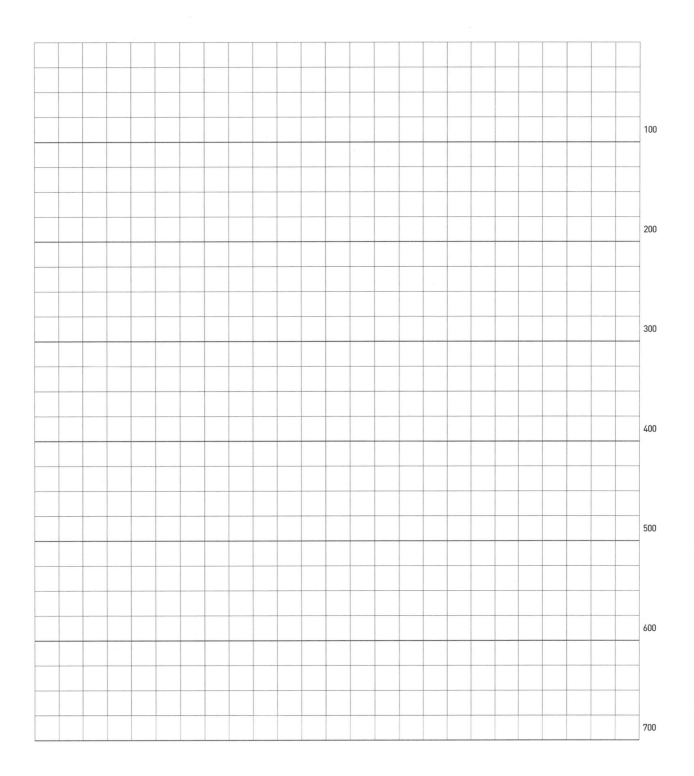

06 다음을 참고하여 600~700자로 글을 쓰시오. 단, 문제를 그대로 옮겨 쓰지 마시오.

> 요즘 사소한 일에도 크게 화를 내며, 자신의 감정을 조절하지 못하는 사람들이 많다. 이와 같은 사회의 특성을 참고하여, '감정을 조절하는 방법'에 대해 아래의 내용을 중심으로 자신의 생각을 쓰라.

- 현대인이 감정을 잘 조절한다고 생각하는가?
- 감정을 조절하지 못하는 것은 어떤 문제를 일으킬 수 있는가?
- 감정을 조절하기 위한 방법에는 어떤 것들이 있는가?

* 원고지 쓰기 예

	우	리	는		오	늘	보	다		더		나	은		내	일	,	지	금
보	다		더		나	은		미	래	를		위	해		꿈	을		꾸	는

스스로 개요 짜 보기

서론
- 현대인이 감정을 잘 조절한다고 생각하는가?

본론
- 감정을 조절하지 못하는 것은 어떤 문제를 일으킬 수 있는가?

결론
- 감정을 조절하기 위한 방법에는 어떤 것들이 있는가?

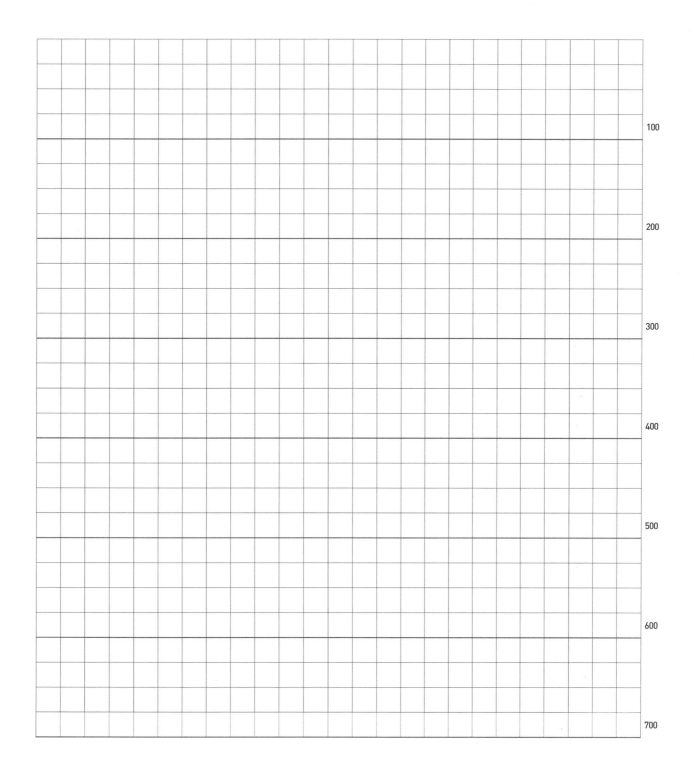

07 다음을 참고하여 600~700자로 글을 쓰시오. 단, 문제를 그대로 옮겨 쓰지 마시오.

> 현대 사회에서는 개나 고양이를 단순히 사람이 키우는 동물이 아니라, 사람과 함께 생활을 해 나가는 반려동물로 인식하고 있다. 그러나 동물을 키우다가 물건처럼 쉽게 버리는 일도 종종 보게 된다. 이러한 내용을 참고하여 '현대 사회에서 반려동물과 함께 사는 법'에 대해 아래의 내용을 중심으로 자신의 생각을 쓰라.
>
> • 현대 사회에서 반려동물은 어떤 의미를 지니고 있는가?
> • 현대 사회에서 반려동물과 관련하여 어떤 문제점들이 있는가?
> • 반려동물과 함께 살기 위해서는 어떤 것들을 유의해야 하는가?

* 원고지 쓰기 예

	현	대		사	회	에	서	는		가	족		구	조	와		유	형	이
급	속	도	로		변	화	하	고		있	다	.	이	는		생	활		환

▌ 스스로 개요 짜 보기

서론
• 현대 사회에서 반려동물은 어떤 의미를 지니고 있는가?

본론
• 현대 사회에서 반려동물과 관련하여 어떤 문제점들이 있는가?

결론
• 반려동물과 함께 살기 위해서는 어떤 것들을 유의해야 하는가?

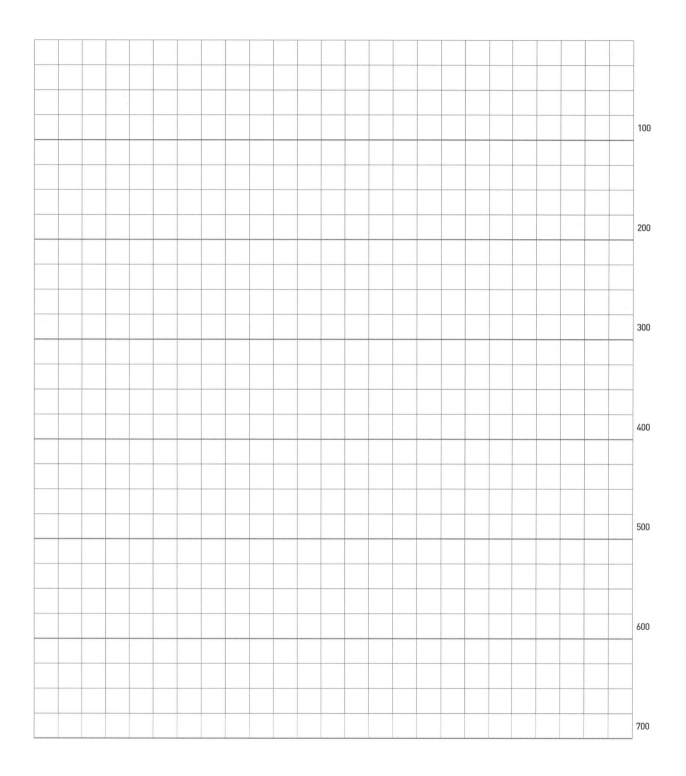

100

200

300

400

500

600

700

08 다음을 참고하여 600~700자로 글을 쓰시오. 단, 문제를 그대로 옮겨 쓰지 마시오.

> 우리는 살면서 서로의 생각이 달라 갈등을 겪는 경우가 많다. 이러한 갈등은 의사소통이 부족해서 생기는 경우가 대부분이다. 의사소통은 서로의 관계를 유지하고 발전시키는 데 중요한 요인이 된다. '의사소통의 중요성과 방법'에 대해 아래의 내용을 중심으로 자신의 생각을 쓰라.

- 의사소통은 왜 중요한가?
- 의사소통이 잘 이루어지지 않는 이유는 무엇인가?
- 의사소통을 원활하게 하는 방법은 무엇인가?

* 원고지 쓰기 예

	우	리	는		기	분	이		좋	으	면		밝	은		표	정	을	
짓	는	다	.		그	리	고		기	분	이		좋	지		않	으	면		표

▌스스로 개요 짜 보기

서론	본론	결론
• 의사소통은 왜 중요한가?	• 의사소통이 잘 이루어지지 않는 이유는 무엇인가?	• 의사소통을 원활하게 하는 방법은 무엇인가?

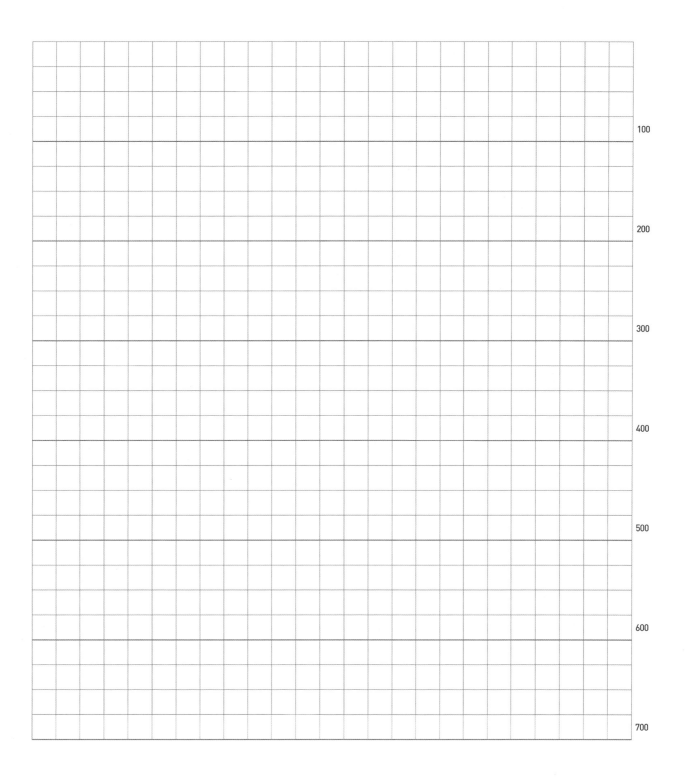

09 다음을 참고하여 600~700자로 글을 쓰시오. 단, 문제를 그대로 옮겨 쓰지 마시오.

> 요즘 성인이 되어서도 자신이 무엇을 해야 하는지 스스로 결정하지 못하는 사람이 많다. 현대 사회의 특성을 고려하여, '스스로 결정하는 힘의 중요성'에 대해 아래의 내용을 중심으로 자신의 생각을 쓰라.

- 스스로 결정하는 힘이 중요한 이유는 무엇인가?
- 스스로 결정하는 능력이 부족하면 어떤 문제가 발생하는가?
- 스스로 결정하는 힘을 키우기 위해서 어떤 노력이 필요한가?

* 원고지 쓰기 예

	성	공	하	는		사	람	들	은		시	간	의		'	양	'	보	다
'	질	'	에		집	중	한	다	.		이	러	한		시	간	의		조	직

▌스스로 개요 짜 보기

서론
- 스스로 결정하는 힘이 중요한 이유는 무엇인가?

본론
- 스스로 결정하는 능력이 부족하면 어떤 문제가 발생하는가?

결론
- 스스로 결정하는 힘을 키우기 위해서 어떤 노력이 필요한가?

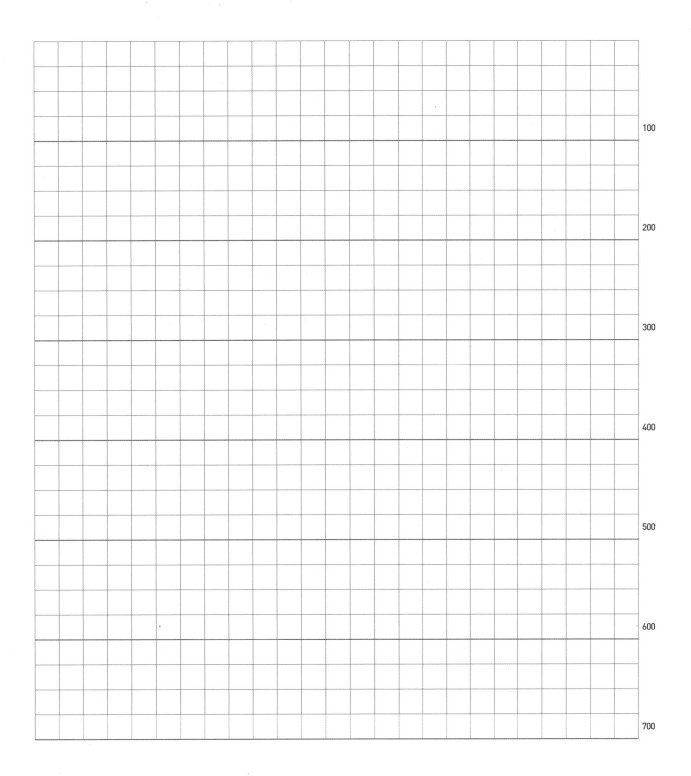

100

200

300

400

500

600

700

10 다음을 참고하여 600~700자로 글을 쓰시오. 단, 문제를 그대로 옮겨 쓰지 마시오.

> 　　최근 스마트폰 중독 현상이 심각한 사회 문제가 되고 있다. '스마트폰 중독을 해결할 수 있는 방법'에 대해 아래의 내용을 중심으로 자신의 생각을 쓰라.

- 스마트폰 중독이란 무엇인가?
- 스마트폰 중독이 되면 어떤 문제들이 생기는가?
- 스마트폰 중독을 해결하기 위한 방법에는 어떤 것들이 있는가?

* 원고지 쓰기 예

	디	지	털		혁	명	으	로		생	활	의		여	러		가	지	
불	편	한		점	을		덜	어	줄		많	은		신	기	술	이		등

▌ **스스로 개요 짜 보기**

서론
- 스마트폰 중독이란 무엇인가?

본론
- 스마트폰 중독이 되면 어떤 문제들이 생기는가?

결론
- 스마트폰 중독을 해결하기 위한 방법에는 어떤 것들이 있는가?

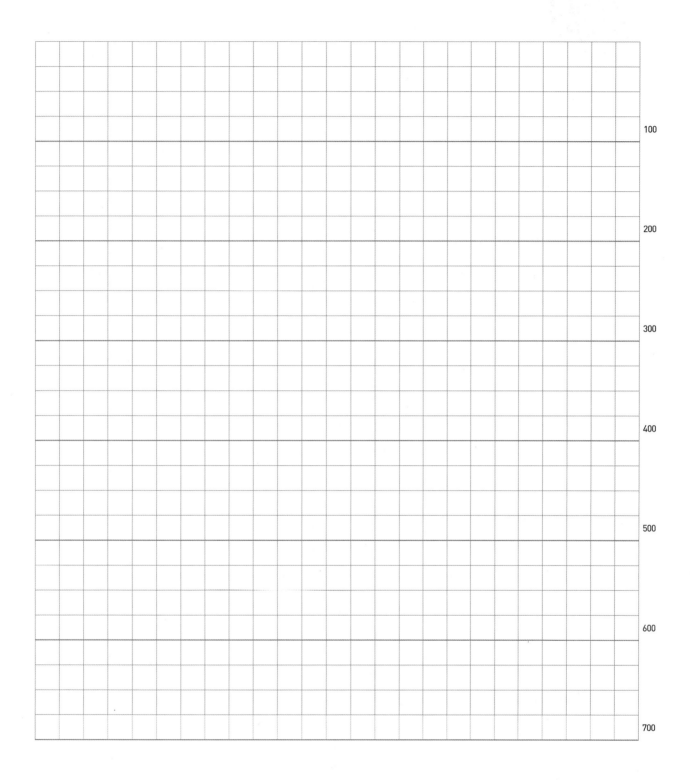

잘 시작하는 것은 중요합니다.
잘 마무리하는 것은 더 중요합니다.

– 조정민, 『인생은 선물이다』, 두란노

원고지 작성법 연습해 보기

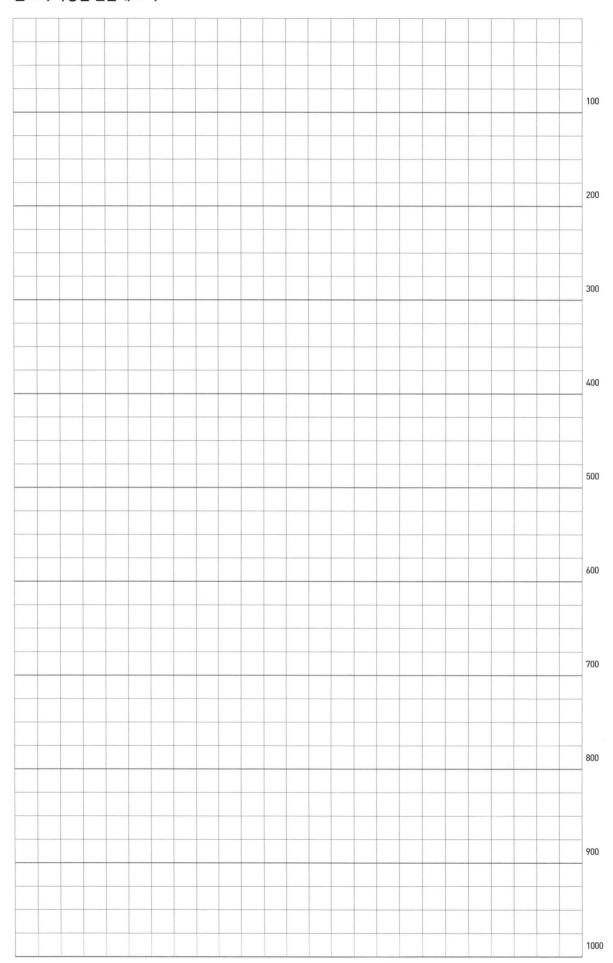

100

200

300

400

500

600

700

800

900

원고지 작성법 연습해 보기

1000

에듀윌 한국어능력시험 TOPIK II 쓰기 실전서

발 행 일	2025년 4월 4일 초판
편 저 자	김지학
펴 낸 이	양형남
개 발	정상욱, 김진우
펴 낸 곳	(주)에듀윌
등록번호	제25100-2002-000052호
주 소	08378 서울특별시 구로구 디지털로34길 55 코오롱싸이언스밸리 2차 3층
I S B N	979-11-360-3725-1(14710) / 979-11-360-3723-7(14710) (세트)

www.eduwill.net
대표전화 1600-6700

여러분의 작은 소리
에듀윌은 크게 듣겠습니다.

본 교재에 대한 여러분의 목소리를 들려주세요.
공부하시면서 어려웠던 점, 궁금한 점,
칭찬하고 싶은 점, 개선할 점, 어떤 것이라도 좋습니다.

에듀윌은 여러분께서 나누어 주신 의견을
통해 끊임없이 발전하고 있습니다.

에듀윌 도서몰 book.eduwill.net
• 부가학습자료 및 정오표: 에듀윌 도서몰 → 도서자료실
• 교재 문의: 에듀윌 도서몰 → 문의하기 → 교재(내용, 출간) / 주문 및 배송

한국어 전문 교수 직강!
TOPIK 유형 특강 무료 제공

단 10강으로 한국어능력시험 TOPIK
합격에 가까워집니다

• 한입에 떠먹여 주는 TOPIK Ⅱ 유형 특강(총 10강)
• 연습문제로 배우는 유형별 풀이 비법
• 목표 등급에 맞는 학습 전략

유형 특강 수강 경로

▶ 유튜브 '에듀윌 자격증' 채널	▶	TOPIK Ⅱ 검색	▶	원하는 강의 바로 시청

'에듀윌 도서몰(book.eduwill.net) 내 동영상강의실 >
TOPIK'에서도 수강하실 수 있습니다.

도서몰로
바로 가기

최신판

에듀윌 한국어능력시험
TOPIK II 쓰기 실전서
+무료특강

정답과 해설

최신판

eduwill

최신판

에듀윌 한국어능력시험
TOPIK II 쓰기 실전서
+무료특강

2024 최신판

에듀윌 한국어능력시험
QUICK TOPIK II 쓰기
기출유형 실전서

모범 답안과 해설

eduwill

모범 답안 모아 보기

01 ㉠ 말하기 대회를 합니다 / 말하기 대회를 열어 안내를 합니다 / 여는 말하기 대회를 안내해 드립니다
㉡ 선물을 / 기념품을 / 참가 상품을

02 ㉠ 하러 갑니다 / 하러 갈 예정(계획)입니다.
㉡ 들면 좋겠습니다 / 들었으면 좋겠습니다

03 ㉠ 아르바이트를 할 사람을 찾고 있습니다 / 아르바이트를 할 분을 모집하고 있습니다 / 함께 일할 분을 찾고 있습니다
㉡ 알려 / 가르쳐 / 교육해

04 ㉠ 방을 구하고 있습니다 / 방을 찾고 있습니다 / 이사 갈 집을 구하고 있습니다
㉡ 멀어서 / 떨어져 있어서

05 ㉠ 빌려줘서 / 빌려주셔서
㉡ 돌려주면 되겠습니까 / 돌려드리면 됩니까 / 돌려드리면 되겠습니까

06 ㉠ 문을 열었습니다 / 개점하였습니다 / 새롭게 문을 열게 되었습니다
㉡ 가능하냐고요 / 가능한지 궁금하세요 / 안 될까 봐 걱정되세요

07 ㉠ 이전을 했습니다 / 이전을 하게 되어 안내해 드립니다 / 보금자리를 갖게 되었습니다.
㉡ 서비스로 보답하겠습니다 / 서비스를 약속드립니다 / 진료를 제공할 것을 약속드립니다

08 ㉠ 선글라스가 필요하지 않으세요 / 필요한 것이 선글라스이겠지요 / 선글라스를 살 계획이 있으신가요
㉡ 싼 가격에 팝니다 / 싼 가격으로 판매합니다 / 저렴한 가격에 구매하실 수 있는 기회입니다

09 ㉠ 깨끗하게 해 드리겠습니다 / 말끔하게 청소해 드립니다 / 깨끗하게 해 드리는 청소 서비스를 이용해 보세요
㉡ 많은 이용 부탁합니다 / 많은 관심 부탁드립니다 / 많은 이용을 부탁드립니다

10 ㉠ 물건을 모두 가져오세요 / 물건을 가져와서 판매해 보세요 / 물건을 가지고 와서 판매하는 것이 가능합니다
㉡ 어떻게 하는지 알고 싶으세요 / 어떻게 해야 하는지 궁금하세요 / 어디에서 하는지 궁금하시다고요

11 ㉠ 도움을 받아 보세요 / 해결해 드립니다 / 방법을 알려 드리겠습니다
㉡ 진행되는지 궁금하세요 / 들을 수 있는지 궁금하시죠 / 하는지 알고 싶으십니까

12 ㉠ 우산을 빌려드립니다 / 우산을 대여해 드립니다 / 우산 대여 서비스를 실시합니다
㉡ 일주일 동안 사용할 수 있습니다 / 일주일 간 사용이 가능합니다

01

⊙ 말하기 대회를 합니다 / 말하기 대회를 열어 안내를 합니다 / 여는 말하기 대회를 안내해 드립니다

ⓛ 선물을 / 기념품을 / 참가 상품을

해설

⊙ 빈칸 뒤의 문장에서 말하기 대회가 열리는 시간과 장소를 안내하고 있으므로, 앞 문장에는 말하기 대회가 개최된다는 내용이 나와야 합니다.

ⓛ 빈칸 뒤 문장의 내용으로 볼 때, 참가자에게 선물을 준다는 것을 알 수 있습니다.

어휘

- 대회: 여러 사람이 실력이나 기술을 겨루는 행사.
- 안내: 어떤 내용을 소개하여 알려 줌. 또는 그런 일.
- 열리다: 모임이나 회의가 시작되다.
- 참가: 모임이나 단체, 경기, 행사 등의 자리에 가서 함께함.
- 즐기다: 즐겁게 마음껏 누리다.

02

⊙ 하러 갑니다 / 하러 갈 예정(계획)입니다

ⓛ 들면 좋겠습니다 / 들었으면 좋겠습니다

해설

⊙ 빈칸이 있는 문장에서 이 글을 쓴 사람은 회사에 취직을 했음을 알 수 있으므로 일을 하기 위해 다음 달에 홍콩으로 간다는 내용이 와야 합니다.

ⓛ 그동안 고마움을 느꼈던 수미 씨에게 주려고 준비한 선물이 마음에 들었으면 좋겠다는 내용이 들어가야 합니다.

어휘

- 그동안: 앞에서 이미 이야기한 만큼의 기간. 또는 다시 만나거나 연락하기까지의 일정한 기간.
- 다음: 어떤 차례에서 바로 뒤.
- 취직: 일정한 직업을 얻어 직장에 나감.
- 자주: 같은 일이 되풀이되는 간격이 짧게.
- 아쉽다: 미련이 남아 안타깝고 서운하다.

03

⊙ 아르바이트를 할 사람을 찾고 있습니다 / 아르바이트를 할 분을 모집하고 있습니다 / 함께 일할 분을 찾고 있습니다

ⓛ 알려 / 가르쳐 / 교육해

해설

⊙ '아르바이트 모집 안내'라는 제목에서 알 수 있듯이, 아르바이트를 할 사람을 모집한다는 내용을 쓰면 자연스럽습니다.

ⓛ 빈칸 앞의 문장은 커피를 만들 줄 모르냐는 질문이고, 빈칸 뒤의 문장에서는 걱정하지 말라는 말을 하고 있습니다. 따라서 빈칸에는 커피를 만드는 방법을 알려 주겠다는 의미를 가진 내용이 들어가야 합니다.

- 가게: 작은 규모로 물건을 펼쳐 놓고 파는 집.
- 근무: 직장에서 맡은 일을 하는 것. 또는 그런 일.

04

㉠ 방을 구하고 있습니다 / 방을 찾고 있습니다 / 이사 갈 집을 구하고 있습니다

㉡ 멀어서 / 떨어져 있어서

㉠ '빨리 이사하고 싶어요!'라는 글의 제목을 통해 '방을 구한다', '집을 찾는다'는 내용이 들어가야 함을 알 수 있습니다.

㉡ 빈칸 뒤의 문장에서 학교에서 가까운 집을 찾는다고 하였습니다. 또한 '그래서 이번에는'이라는 말이 있으므로, 빈칸에는 거리가 멀어서 힘들었다는 내용이 오는 것이 자연스럽습니다.

- 이사하다: 살던 곳을 떠나 다른 곳으로 옮기다.
- 계약: 돈을 주고받는 거래에서 서로 지켜야 할 의무나 책임을 문서에 적어 약속함.
- 월세: 다달이 집이나 방을 빌려 쓰는 것. 또는 그 돈.
- 가깝다: 어느 한 곳에서 멀리 떨어져 있지 않다.

05

㉠ 빌려줘서 / 빌려주셔서

㉡ 돌려주면 되겠습니까 / 돌려드리면 됩니까 / 돌려드리면 되겠습니까

㉠ 빈칸 뒤의 문장에서 빌려준 책 덕분에 과제를 잘했다는 내용이 있으므로, 빈칸에는 책을 빌려줬다는 내용이 와야 합니다.

㉡ 수미 씨에게 빌린 책을 언제 돌려주면 될지 물어보는 내용을 작성하면 됩니다.

- 지난번: 말하고 있는 때 이전의 지나간 차례나 때.
- 덕분: 어떤 사람이 베풀어 준 은혜나 도움. 혹은 어떤 일이 발생한 것이 준 이익.
- 과제: 회사나 학교 등에서 맡겨진 일이나 풀어야 할 문제.
- 답장: 질문이나 편지에 대한 답으로 보내는 편지.

06

㉠ 문을 열었습니다 / 개점하였습니다 / 새롭게 문을 열게 되었습니다

㉡ 가능하냐고요 / 가능한지 궁금하세요 / 안 될까 봐 걱정되세요

㉠ 제목을 통해 우리 마트가 개점을 했다는 사실을 알리는 내용이 와야 함을 알 수 있습니다.

㉡ 빈칸 뒤의 문장에 3만 원 이상 물건을 사면 집까지 배달을 해 준다는 내용이 나옵니다. 따라서 빈칸에는 배달이 되는지를 물어보는 문장이 오는 것이 적절합니다.

어휘

- 개점: 새로 상점을 내고 처음으로 영업을 시작함.
- 배달: 우편물이나 물건, 음식 등을 가져다 줌.
- 무겁다: 무게가 많이 나가다.
- 구입하다: 물건 등을 사다.

07

㉠ 이전을 했습니다 / 이전을 하게 되어 안내해 드립니다 / 보금자리를 갖게 되었습니다

㉡ 서비스로 보답하겠습니다 / 서비스를 약속드립니다 / 진료를 제공할 것을 약속드립니다

해설

㉠ '한국병원 이전 안내'라는 제목으로 예상해 봤을 때, 빈칸에는 병원의 위치를 다른 곳으로 옮기게 되었음을 안내하는 문장이 들어가는 것이 적절합니다.

㉡ 그동안의 성원에 보답하는 서비스나 진료를 해 준다는 의미의 문장이 와야 합니다.

어휘

- 이전: 장소나 주소 등을 다른 곳으로 옮김.
- 출구: 밖으로 나갈 수 있는 문이나 통로.
- 성원: 잘되도록 격려하거나 도와줌.
- 고민: 마음속에 걱정거리가 있어 괴로워하고 계속 신경 씀.

08

㉠ 선글라스가 필요하지 않으세요 / 필요한 것이 선글라스이겠지요 / 선글라스를 살 계획이 있으신가요

㉡ 싼 가격에 팝니다 / 싼 가격으로 판매합니다 / 저렴한 가격에 구매하실 수 있는 기회입니다

해설

㉠ 제목을 통해 선글라스 세일을 홍보하는 글이라는 것을 알 수 있습니다.

㉡ 제목에 '세일'이라고 되어 있으므로 저렴한 가격에 판매한다는 내용이 와야 합니다.

어휘

- 햇살: 해가 내쏘는 광선.
- 세일: 정해진 값보다 싸게 할인해서 팖.
- 매번: 어떤 일이 있을 때마다.
- 망설이다: 마음이나 태도를 정하지 못하고 머뭇거리다.

09

㉠ 깨끗하게 해 드리겠습니다 / 말끔하게 청소해 드립니다 / 깨끗해지는 청소 서비스를 이용해 보세요

㉡ 많은 이용 부탁합니다 / 많은 관심 부탁드립니다 / 많은 이용을 부탁드립니다

㉠ 청소 서비스를 제공하는 것이므로, 깨끗하게 해 준다는 내용이 와야 합니다.

㉡ 청소 서비스를 이용해 달라고 요청하는 내용이 들어가면 적절합니다.

어휘

• 지저분하다: 어떤 곳이 정리되어 있지 않아서 어수선하다.

• 예약: 자리나 방, 물건 등을 사용하기 위해 미리 약속함. 또는 그런 약속.

• 기회: 어떤 일을 하기에 알맞은 시기나 경우.

• 놓치다: 하려고 한 일이나 할 수 있었던 일을 잘못하여 이루지 못하다.

• 말끔하다: 먼지나 흠이 없이 환하고 깨끗하다.

10

㉠ 물건을 모두 가져오세요 / 물건을 가져와서 판매해 보세요 / 물건을 가지고 와서 판매하는 것이 가능합니다

㉡ 어떻게 하는지 알고 싶으세요 / 어떻게 해야 하는지 궁금하세요 / 어디에서 하는지 궁금하시다고요

해설

㉠ '벼룩시장'은 중고품을 저렴한 가격으로 사고파는 시장입니다. 빈칸 뒤에 반대로 필요한 물건을 싸게 살 수 있다는 내용이 있으므로, 빈칸에는 필요 없는 물건들을 판매하기 위해 가지고 오라는 내용이 들어가면 적절합니다.

㉡ 바로 뒤의 문장에서 벼룩시장에 참여할 수 있는 방법을 안내하고 있으므로, 신청 방법이 무엇인지 물어보는 문장이 오면 됩니다.

어휘

• 벼룩시장: 중고품을 싸게 사고파는 시장.

• 참여하다: 여러 사람이 같이 하는 어떤 일에 끼어들어 함께 일하다.

• 기부: 다른 사람이나 기관, 단체 등을 도울 목적으로 돈이나 재산을 대가 없이 내놓음.

• 공원: 사람들이 놀고 쉴 수 있도록 풀밭, 나무, 꽃 등을 가꾸어 놓은 넓은 장소.

11

㉠ 도움을 받아 보세요 / 해결해 드립니다 / 방법을 알려 드리겠습니다

㉡ 진행되는지 궁금하세요 / 들을 수 있는지 궁금하시죠 / 하는지 알고 싶으십니까

해설

㉠ 대학 생활 특강에서 대학 생활에 대한 고민을 해결할 수 있다는 내용이 오면 됩니다.

㉡ 빈칸 뒤의 문장에서 특강 장소를 알려 주고 있으므로 특강을 하는 장소가 궁금한지 확인하는 질문이 오면 됩니다.

어휘

• 특강: 정규 과정 이외에 특별히 하는 강의.

• 본관: 여러 건물들 중에 중심이 되는 건물.

12

㉠ 우산을 빌려드립니다 / 우산을 대여해 드립니다 / 우산 대여 서비스를 실시합니다

㉡ 일주일 동안 사용할 수 있습니다 / 일주일간 사용이 가능합니다

해설

㉠ '우산 대여 서비스 안내'라는 제목을 통해 예상할 수 있듯이 '빌려주다, 대여해 주다'의 내용이 들어가면 됩니다.

㉡ 빈칸 뒤의 문장에 있는 '일주일이 지나도 우산을 반납하지 않으면'을 보고 빌린 우산을 일주일 안에 반납해야 한다는 것을 알 수 있습니다.

어휘

• 대여: 물건이나 돈을 빌려줌.

• 신분증: 자신의 신분이나 소속을 증명하는 문서나 카드.

• 무료: 요금이 없음.

• 연체료: 내야 하는 돈이나 물건 등을 기한이 지나도록 내지 않았을 때 밀린 날짜에 따라 더 내는 돈.

모범 답안 모아 보기

01 ㉠ 낳고 싶어 하지 않는 것으로 나타났습니다 / 원하지 않는다는 것을 알 수 있습니다 / 원하지 않는다는 대답이 많은 것으로 나타났습니다

㉡ 낳고 싶다는 마음(생각)을 가질 수 있기 때문입니다 / 낳아서 함께 행복해지고 싶다는 생각을 할 수 있기 때문입니다

02 ㉠ 멋있어 보일 거라고 생각하기 때문입니다 / 고급스러워 보일 것이라고 생각하기 때문입니다

㉡ 되는 것이 어떨까요 / 되어야 하지 않을까요 / 되기 위한 노력을 하는 것이 어떨까요

03 ㉠ 들려주는 것은 아니다 / 사용하는 것은 아니다

㉡ 느끼게 한다 / 느끼도록 한다

04 ㉠ 만족이 더 중요해졌기 / 의견이 더 중요해졌기

㉡ 하고 싶어 하는 사람도 많습니다 / 하고 싶다고 생각하는 이들도 많습니다 / 치르고 싶어 하는 사람도 많은 편입니다

05 ㉠ 필요 없게 되었습니다 / 더 이상 필요하지 않게 되었습니다 / 없는 집이 많아졌습니다

㉡ 사용하지 않는다고 대답했습니다 / 쓸 일이 없다고 응답했습니다 / 사용하지 않고 휴대 전화를 사용한다고 답했습니다

06 ㉠ 도움이 되기 때문입니다 / 도움이 된다고 생각하기 때문입니다 / 효과적이라고 생각하기 때문입니다

㉡ 만들기 시작했습니다 / 만들자는 이야기가 나오고 있습니다 / 조성해야 한다는 사람들이 많아졌습니다

07 ㉠ 표정에 영향을 주기 때문이다 / 얼굴에 나타나기 때문이다

㉡ 밝은 표정을 짓는(하는) / 표정을 밝게 짓는(하는)

08 ㉠ 세워야 합니다 / 세우는 것이 도움이 됩니다

㉡ 생각을 해야 합니다 / 마음을 가져야 합니다 / 생각을 하는 것이 좋습니다

09 ㉠ 공짜로 볼 수 있습니다 / 무료로 볼 수 있습니다

㉡ 인터넷 뉴스는 새로운 정보가 빨리 올라옵니다 / 인터넷 뉴스에는 새로운 정보가 신속하게 등록됩니다

10 ㉠ 기억하지 못하는 경우가 있습니다 / 잊어버리는 일을 종종 겪곤 합니다 / 기억이 나지 않는 일을 종종 겪습니다

㉡ 크게 걱정하지 않아도 됩니다 / 그다지 걱정할 필요는 없습니다 / 크게 염려를 할 필요는 없습니다

11 ㉠ 가지는 것이 좋다고 생각합니다 / 누리는 것을 좋은 삶이라고 말합니다 / 즐기며 살아가는 것을 이상적인 삶으로 여기는 추세입니다

㉡ 더 중요하게 생각합니다 / 우선시하는 사람이 늘어나고 있습니다 / 더 중요한 가치로 보는 이들이 많아졌습니다

12 ㉠ 중요하다고 생각하기 때문입니다 / 급하다고 생각하기 때문입니다

㉡ 배려하는 마음을 가져야 합니다 / 배려하는 마음가짐을 지녀야 합니다

01

㉠ 낳고 싶어 하지 않는 것으로 나타났습니다 / 원하지 않는다는 것을 알 수 있습니다 / 원하지 않는다는 대답이 많은 것으로 나타났습니다

㉡ 낳고 싶다는 마음(생각)을 가질 수 있기 때문입니다 / 낳아서 함께 행복해지고 싶다는 생각을 할 수 있기 때문입니다

해설

㉠ 대학생들이 결혼을 원하지 않는다는 내용에 이어 원하지 않는 무언가가 하나 더 나와야 합니다. 첫 문장에서 '저출산' 문제를 이야기하였으므로 빈칸에는 대학생들이 출산을 원하지 않는다는 내용이 들어가야 합니다.

㉡ 앞에서 아이를 키우며 행복해하는 모습을 보여 주는 것이 좋은 일이라 했으므로 긍정적인 효과와 관련된 내용을 쓰면 됩니다. 또한 '왜냐하면'으로 시작하는 문장에는 '−기 때문이다'와 같이 이유나 원인을 설명하는 내용으로 마무리합니다.

어휘

• 저출산: 한 사회에서 일정 기간 동안 아기를 낳는 비율이 낮음. 또는 그런 현상.

• 심각하다: 상태나 정도가 매우 심하거나 절박하거나 중대하다.

• 설문: 어떤 사실을 조사하기 위해서 여러 사람에게 질문함. 또는 그러한 질문.

02

㉠ 멋있어 보일 거라고 생각하기 때문입니다 / 고급스러워 보일 것이라고 생각하기 때문입니다

㉡ 되는 것이 어떨까요 / 되어야 하지 않을까요 / 되기 위한 노력을 하는 것이 어떨까요

해설

㉠ '−처럼'은 앞에 있는 것과 뒤에 있는 것이 비슷하거나 같다는 의미를 가지고 있으므로, 명품처럼 나도 고급스러워 보이거나 멋있어 보일 것이라고 생각한다는 등의 내용이 들어가면 됩니다.

㉡ '−보다 −은(는) 것이 낫다(좋다)'와 비슷한 맥락의 문장이 오는 것이 적절합니다.

어휘

• 명품: 뛰어나거나 이름난 상품이나 작품.

• 알려지다: 특징이나 업적 등이 세상에 드러나다.

• 브랜드: 상품의 이름.

03

㉠ 들려주는 것은 아니다 / 사용하는 것은 아니다

㉡ 느끼게 한다 / 느끼도록 한다

해설

㉠ 빈칸이 있는 문장이 '그러나'로 시작하고 있습니다. 따라서 지문에서 사람들은 음악 치료를 할 때 밝은 분위기의 음악을 들려줄 것이라 예상하지만 이와 다르다는 내용이 적절합니다.

㉡ 빈칸이 있는 문장의 맥락을 보면, 다양한 분위기의 음악을 들려주는 것과 연결할 수 있는 다양한 감정을 느끼게 한다는 내용이 와야 함을 알 수 있습니다.

- 음악: 목소리나 악기로 박자와 가락이 있게 소리 내어 생각이나 감정을 표현하는 예술.
- 치료: 병이나 상처 등을 낫게 함.
- 주로: 기본이나 중심이 되게.
- 심리: 마음의 움직임이나 의식의 상태.

04

㉠ 만족이 더 중요해졌기 / 의견이 더 중요해졌기
㉡ 하고 싶어 하는 사람도 많습니다 / 하고 싶다고 생각하는 이들도 많습니다 / 치르고 싶어 하는 사람도 많은 편입니다

㉠ '중요했으나'를 통해 뒷부분에는 이와 반대가 되는 내용이 나와야 함을 알 수 있습니다. 따라서 빈칸에는 부모님이 아닌 결혼을 하는 당사자들의 생각이 더 중요해졌다는 내용이 들어가야 합니다.
㉡ 빈칸이 있는 문장에 '그러나'가 있으므로, 빈칸에는 앞의 내용과 반대로 '작은 결혼식'을 원하지 않는다는 의미를 가진 내용이 와야 합니다.

- 지인: 아는 사람.
- 하객: 축하해 주러 온 손님.
- 체면: 남을 대하기에 떳떳한 입장이나 얼굴.
- 일생: 태어나서 죽을 때까지 살아 있는 동안.

05

㉠ 필요 없게 되었습니다 / 더 이상 필요하지 않게 되었습니다 / 없는 집이 많아졌습니다
㉡ 사용하지 않는다고 대답했습니다 / 쓸 일이 없다고 응답했습니다 / 사용하지 않고 휴대 전화를 사용한다고 답했습니다

㉠ 가족이 모두 휴대 전화를 사용하게 되면서 집 전화의 필요성이 줄어들거나 없어졌다는 내용이 와야 합니다.
㉡ 빈칸의 앞에 '거의'가 나왔으므로, '거의 –하지 않다'라는 부정의 표현이 오는 것이 적절합니다. 내용상 집 전화가 있더라도 잘 사용하지 않는다는 문장이 와야 합니다.

- 기관: 사회생활에서 일정한 역할을 하거나 목적을 이루기 위해 설치한 기구나 조직.
- 대상: 어떤 일이나 행동의 상대나 목표가 되는 사람이나 물건.
- 절반: 하나를 반으로 나눔. 또는 그렇게 나눈 반.

06

㉠ 도움이 되기 때문입니다 / 도움이 된다고 생각하기 때문입니다 / 효과적이라고 생각하기 때문입니다
㉡ 만들기 시작했습니다 / 만들자는 이야기가 나오고 있습니다 / 조성해야 한다는 사람들이 많아졌습니다

㉠ 앞의 문장에서 공부나 일을 할 때는 집중이 필요하다는 것을 알고, 커피를 많이 마시는 이유가 집중을 하는 데 도움이 되기 때문이라는 내용을 써야 합니다.
㉡ 빈칸의 앞 문장에서 자연을 바라보며 휴식을 하는 것이 더 큰 도움이 된다고 말하고 있습니다. 따라서 빈칸에는 숲이 필요하다는 내용이나, 실제로 숲을 만들고 있다는 내용이 들어가는 것이 적절합니다.

어휘
• 새우다: 잠을 자지 않고 밤을 지내다.
• 집중: 한 가지 일에 모든 힘을 쏟아부음.

07
㉠ 표정에 영향을 주기 때문이다 / 얼굴에 나타나기 때문이다
㉡ 밝은 표정을 짓는(하는) / 표정을 밝게 짓는(하는)

해설
㉠ '왜냐하면'과 호응하는 '–기 때문이다'를 사용하여 문장을 완성해야 합니다. 앞의 문장에서 기분이 좋지 않으면 표정이 어두워진다고 했으므로 감정이 표정에 영향을 준다는 내용이 와야 함을 알 수 있습니다.
㉡ '기분이 안 좋을 때 밝은 표정을 지으면 기분도 따라서 좋아진다'고 했으므로 우울할 때일수록 밝은 표정을 짓는 것이 좋다는 것이 적절합니다.

어휘
• 표정: 마음속에 품은 감정이나 생각 등이 얼굴에 드러남. 또는 그런 모습.
• 짓다: 어떤 표정이나 태도 등을 얼굴이나 몸에 나타내다.
• 영향: 어떤 것의 효과나 작용이 다른 것에 미치는 것.

08
㉠ 세워야 합니다 / 세우는 것이 도움이 됩니다
㉡ 생각을 해야 합니다 / 마음을 가져야 합니다 / 생각을 하는 것이 좋습니다

해설
㉠ '습관을 ~' 뒤에 자주 오는 '기르다'나 '들이다'와 같은 단어를 연결합니다.
㉡ 다이어트에 성공할 수 있을 것이라는 긍정적인 마음이나 생각을 가지라는 내용을 쓰면 됩니다.

어휘
• 성공적: 목적한 것을 이루었다고 할 만한 것.
• 구체적: 실제적이고 자세한 것.
• 동기 부여: 자극을 주어 행동을 하게 만드는 일.

09
㉠ 공짜로 볼 수 있습니다 / 무료로 볼 수 있습니다
㉡ 인터넷 뉴스는 새로운 정보가 빨리 올라옵니다 / 인터넷 뉴스에는 새로운 정보가 신속하게 등록됩니다

㉠ 돈을 내고 구입해야 하는 종이 신문과 반대되도록 인터넷 뉴스는 '무료'라는 내용이 들어가야 합니다.

㉡ 빈칸 앞에서 다음 신문이 나올 때까지 새로운 정보를 접할 수 없다는 종이 신문의 특성을 이야기하고 있으므로, 인터넷 뉴스는 이와 달리 새로운 정보를 신속하게 접할 수 있다는 내용이 들어가야 합니다.

• 나누다: 말이나 이야기, 인사 등을 주고받다.

• 선호하다: 여럿 가운데서 어떤 것을 특별히 더 좋아하다.

10

㉠ 기억하지 못하는 경우가 있습니다 / 잊어버리는 일을 종종 겪곤 합니다 / 기억이 나지 않는 일을 종종 겪습니다

㉡ 크게 걱정하지 않아도 됩니다 / 그다지 걱정할 필요는 없습니다 / 크게 염려를 할 필요는 없습니다

㉠ 문장의 가장 첫 부분에서 '자동차 열쇠를 깜빡하거나'라고 했습니다. '-거나'가 사용되었으므로 잘 기억하지 못하는 경우가 많다는 내용이 와야 합니다.

㉡ 글의 마지막 문장에서 무언가를 적당히 잊어버리는 것이 정신 건강에 도움이 된다고 하였으므로, 빈칸에는 기억력이 떨어지는 것에 대해 걱정할 필요가 없다는 내용이 와야 합니다.

• 깜박하다: 기억하지 못하거나 주의를 기울이지 못하다.

• 떨어지다: 값, 기온, 수준 등이 낮아지거나 내려가다.

• 심리적: 마음의 상태와 관련된 것.

• 적당히: 문제가 되지 않을 정도로 요령이 있게.

11

㉠ 가지는 것이 좋다고 생각합니다 / 누리는 것을 좋은 삶이라고 말합니다 / 즐기며 살아가는 것을 이상적인 삶으로 여기는 추세입니다

㉡ 더 중요하게 생각합니다 / 우선시하는 사람이 늘어나고 있습니다 / 더 중요한 가치로 보는 이들이 많아졌습니다

㉠ '하지만'에 이어지는 말이므로, 빈칸 앞에 나온 삶과는 다른 삶의 유형을 추구한다는 내용이 와야 합니다. 또한 빈칸 뒤의 내용과도 관련된 내용이어야 합니다.

㉡ 가족을 위해 희생하는 것보다는 자신이 원하는 것을 더 소중하게 생각하는 경향이 나타나고 있다는 내용이 와야 합니다.

• 끊임없다: 계속하거나 이어져 있던 것이 끊이지 아니하다.

• 여유: 느긋하고 너그러운 마음의 상태.

• 취미: 좋아하여 재미로 즐겨서 하는 일.

• 희생하다: 어떤 사람이나 목적을 위해 자신의 목숨, 재산, 명예, 이익 등을 바치거나 버리다. 또는 그것을 빼앗기다.

12

㉠ 중요하다고 생각하기 때문입니다 / 급하다고 생각하기 때문입니다

㉡ 배려하는 마음을 가져야 합니다 / 배려하는 마음가짐을 지녀야 합니다

해설

㉠ 사고를 막기 위한 방법으로 제시된 내용을 미루어 짐작해 보면, 서로 배려하지 않고 이기적으로 행동하기 때문에 사고가 발생하는 것임을 추측할 수 있습니다. 빈칸 앞에 '원인은'이라는 말이 나왔으므로 '-기 때문이다'라는 표현을 써야 합니다.

㉡ '마음의 여유'를 보고 사고를 막기 위해 서로 양보하고 배려하면 좋을 것이라는 내용이 와야 함을 알 수 있어야 합니다.

어휘

• 질서: 많은 사람들이 모인 곳에서 혼란스럽지 않도록 지키는 순서나 차례.

• 성숙하다: 어떤 사회 현상이 발전할 수 있도록 조건이나 상태가 충분히 마련되다.

01

	30	대	와		40	대		성	인		남	녀		1,	00	0	명	을		대	상	으	로
성	공	한		삶	의		기	준	에		대	해		설	문		조	사	를		한		결	과
는		다	음	과		같	다	.	30	대	는		경	제	적		성	공	이		가	장		중
요	하	다	고		말	했	고	,		그		다	음	으	로	는		좋	아	하	는		일	을		하	(100)
는		것	,		풍	요	로	운		취	미		생	활	을		꼽	았	다	.	40	대	는		행
복	한		가	정	이		가	장		중	요	하	다	고		말	했	으	며	,		그	다	음	으
로	는		건	강	,		원	만	한		대	인		관	계	,		풍	요	로	운		취	미		생
활	이		중	요	하	다	고		답	했	다	.	30	대	는		경	제	적		성	공	을	,	(200)
40	대	는		행	복	한		가	정	을		가	장		중	요	한		것	으	로		꼽	는
것	을		통	해		연	령	대	에		따	라		중	요	하	게		생	각	하	는		것
에		큰		차	이	가		있	음	을		알		수		있	다	.	(300)

설문 조사의 대상과 주제, 결과를 적고 조사 내용을 적절하게 비교하여 내용을 작성하면 됩니다. 제시된 원 그래프를 보면 30대와 40대에서 1위를 차지한 내용이 다른 것을 알 수 있는데, 이를 잘 비교하여 서술하면 됩니다. 글자 수는 300자보다 20자 정도 적은 분량으로 쓰는 연습을 해 두는 것이, 실제 시험에서는 안전할 수 있습니다.

02

	학	교		폭	력	의		원	인	은		무	엇	이	고		해	결		방	법	은		뭘
까	?		학	교		폭	력	은		학	교	의		적	극	적		대	처		부	족	,		인
성		교	육	의		부	족	,		폭	력	이		만	연	한		사	회		분	위	기		때
문	에		생	겨	나	는		것	이	다	.		이	러	한		문	제	를		해	결	하	기		(100)
위	해	서	는		폭	력		예	방		교	육		프	로	그	램	을		개	발	하	여
학	생	과		부	모	를		대	상	으	로		실	시	해	야		한	다	.		또	한		폭
력	을		미	화	하	는		대	중		매	체	를		규	제	하	여	야	만		한	다	.
함	께		공	부	하	는		학	생	들	과		경	쟁	만		하	도	록		부	추	기	는	(200)
학	교		교	육		제	도	를		개	선	하	는		등	의		변	화	도		필	요	하
다	.
	(300)

'근래', '날로 심각해지고 있다' 등 현재의 상황을 설명하는 표현을 적절히 사용하면서 학교 폭력 의 해결 방법을 서술하면 됩니다. 학교 폭력의 원인별 구체적인 수치를 적어서 글의 내용을 조금 더 추가해도 좋습니다.

03

	결	제		수	단	별		사	용		비	중	을		조	사	한		결	과	,	신	용	
카	드	가		51	%	로		사	용	량	이		가	장		많	고	,	체	크	·	직	불	
카	드	,	현	금	,	계	좌		이	체	가		그		뒤	를		이	었	다	.	사	용	
비	중		1	위	를		차	지	한		신	용		카	드	의		장	점	은		여	행	을	100
할		때		편	리	하	다	는		것	이	다	.		또	한		물	건	을		구	입	하	고
난		후	에		물	건		값	을		나	눠	서		낼		수		있	어		부	담	이	
적	다	.	하	지	만		과	소	비	를		할		위	험	이		있	고	,	잃	어	버	렸
을		때		예	상	하	지		못	한		큰		피	해	가		생	길		수		있	다	200
는		단	점	도		있	다	.																
																								300

결제 수단별 사용 비중을 조사한 결과를 순서대로 서술하고 신용 카드의 장단점을 각각 적절한 양으로 대비하여 글을 작성하여야 합니다.

어휘·문법

편리하다
이용하기 쉽고 편하다.

과소비
자신의 소득이나 예상 지출에 비해 돈을 지나치게 많이 쓰거나 물건을 지나치게 많이 삼.

04

	온	라	인		쇼	핑		시	장	의		변	화	에		대	해		조	사	한		결	과 ,
온	라	인		쇼	핑		시	장	의		전	체		매	출	액	은		20	14	년	에		46
조		원	,	20	18	년	에		92	조		원	으	로		4		년		만	에		크	게
증	가	한		것	으	로		나	타	났	다	.		사	용		기	기	에		따	른		매	출	100
액	은		컴	퓨	터	의		경	우		20	14	년	에		32	조		원	,	20	18	년	에
39	조		원	으	로		소	폭		증	가	한		반	면		스	마	트	폰	은		20	14
년	에		14	조		원	,	20	18	년	에		53	조		원	으	로		매	출	액	이	
큰		폭	으	로		증	가	하	였	다	.		이	와		같	이		온	라	인		쇼	핑	200
시	장	이		변	화	한		원	인	은		온	라	인	으	로		다	양	한		상	품	
구	매	가		가	능	해	졌	고		스	마	트	폰	이		컴	퓨	터	에		비	해		쇼
핑		접	근	성	이		높	아	졌	기		때	문	이	다	.								
																								300

온라인 쇼핑 시장의 변화 현황과 변화 원인을 서술해야 합니다. 이때 그래프에서 매출액의 변화(증가 혹은 감소)를 보여 주는 구체적 수치를 참고하여 적도록 합니다.

어휘·문법

매출액
물건을 팔아 생긴 금액.

구매
상품을 삼.

접근성
교통수단 등을 이용하여 특정 지역이나 시설로 접근할 수 있는 가능성.

05

	성	별	에		따	라		중	요	하	게		생	각	하	는		배	우	자	의		기	준	
은		상	이	할		수		있	다	.	30	대		성	인		남	자		50	0	명	,		여	
자		50	0	명	을		대	상	으	로		중	요	하	게		생	각	하	는		배	우	자	
의		기	준	이		무	엇	인	지		설	문		조	사	를		하	였	다	.		그		결	100
과		남	자	의		38	%	가		외	모	를		가	장		중	요	하	게		생	각	한	
다	고		답	했	고	,		30	%	는		경	제	력	,		20	%	는		성	격	,	12	%	는
학	벌	이	라	고		답	했	다	.		여	자	의		경	우		40	%	가		성	격	을	200
가	장		중	요	하	게		생	각	했	으	며	,		경	제	력	이		33	%	에		외	모	가
17	%	,		종	교	가		10	%	로		그		뒤	를		따	랐	다	.						
																									300

설문 조사의 주제와 결과가 뚜렷하게 나타나도록 잘 서술하여야 합니다. 글자 수는 모범 답안보다 20~30자 정도 추가되어도 좋습니다. '상이하다'와 같은 고급 어휘를 사용하면 좋습니다.

06

	중	·	고	등	학	생	의		평	균		수	면		시	간	을		조	사	한		결	과	
를		보	면		20	21	년	에	는		5.	9	시	간	,		20	22	년	에	는			6.	2	시
간	으	로		나	타	났	다	.		아	침		9	시		등	교	는		학	생	들	의		이
러	한		수	면		부	족		문	제	를		해	결	할		수		있	다	는		장	점	100
이		있	다	.		게	다	가		아	침		식	사	를		하	고		학	교	에		갈	
수		있	어		학	생	들	의		건	강	에	도		좋	은		결	과	를		가	져	온	
다	.		반	면		맞	벌	이		부	모	들	의		경	우		아	이	들	을		일	찍	200
학	교	에		보	낼		수		없	어		어	려	움	을		느	낄		수		있	고	,	
수	업	이		늦	게		시	작	되	어		끝	나	는		시	간	도		덩	달	아		늦	
어	진	다	는		단	점	도		있	다	.														
																									300

중 · 고등학생의 평균 수면 시간과, 아침 9시 등교의 장단점을 잘 서술하여야 합니다. 글자 수가 적절한지, 고급 어휘를 적절하게 사용했는지 검토가 필요합니다.

07

	음	주		운	전		사	고	는		매	년		사	백		명		이	상	의		사	망
자	와		삼	만		명		이	상 의			부	상	자	를		낳	고		있	다	.		갈	수
록		그		건	수	가		줄	어	드	는		추	세	이	긴		하	지	만	,		음	주	
운	전	으	로		인	해		발	생	하	는		사	망	자	와		부	상	자	는		여	전	100
히		존	재	한	다	.		음	주		운	전	으	로		인	한		사	고	를		감	소	시
키	기		위	해	서	는		음	주		운	전	의		단	속		및		벌	금	을		부
과	하	는		것	을		강	화	하	고	,		올	바	른		음	주		문	화	를		홍	보
하	는		캠	페	인	을		실	시	하	여		음	주	에		대	한		운	전	자	들	의	200
인	식	이		개	선	되	도	록		해	야		할		것	이	다	.							
																								300

음주 운전으로 인해 발생한 사고의 현황과 음주 운전 감소를 위한 노력에 대해 적절하게 작성합니다. 제시된 자료들을 빠짐없이 잘 활용하여 작성해야 하며, 자신의 생각은 쓰지 않도록 합니다.

어휘·문법

단속
법, 규칙, 명령 등을 어기지 않도록 통제함.

부과
세금이나 벌금 등을 매겨서 내게 함.

홍보
널리 알림. 또는 그 소식.

08

	현	대	인	들	은		인	터	넷	을		몇		시	간		이	용	할	까	?		일	주
일		동	안		인	터	넷	을		이	용	하	는		시	간	은		평	균		13	.3	시
간	이	며	,		하	루		동	안		인	터	넷	을		이	용	하	는		시	간	은		평
균		1.	9	시	간	이	라	는		결	과	가		나	타	났	다	.		그	렇	다	면		인	100
터	넷	을		이	용	하	면	서		가	장		많	이		하	는		활	동	은		무	엇
일	까	?		설	문		조	사		결	과	,		타	인	과	의		커	뮤	니	케	이	션	이
80	%	로		가	장		높	은		비	중	을		차	지	했	다	.		그		다	음	으	로	는
자	료	·	정	보		검	색	,		여	가		활	동	,		쇼	핑	이		각	각		15	%	,	200
3	%	,		2	%	로		그		뒤	를		이	었	다	.		이	러	한		결	과	를		통
해		대	부	분	의		사	람	들	이		다	른		사	람	과	의		소	통	을		위
해		인	터	넷	을		많	이		이	용	한	다	는		사	실	을		확	인	할		수
있	다	.																							300

현대인들의 평균 인터넷 이용 시간과, 인터넷으로 가장 많이 하는 활동에 대한 자료의 내용을 바탕으로 작성합니다. 그래프의 내용을 잘 보고 정보의 양을 적절하게 정리하여 작성하도록 합니다.

어휘·문법

자료
연구나 조사를 하는 데 기본이 되는 재료.

검색
책이나 컴퓨터에서 필요한 자료를 찾아내는 것.

09

결혼문화연구소에서 20대 이상 성인 남녀 3,000명을 대상으로 '아이를 꼭 낳아야 하는가'에 대해 조사하였다. 그 결과 '그렇다'라고 응답한 남자는 80%, 여자는 67%였고, '아니다'라고 응답한 남자는 20%, 여자는 33%였다. 이들이 '아니다'라고 응답한 이유에 대해 남자는 양육비가 부담스러워서, 여자는 자유로운 생활을 원해서라고 응답한 경우가 가장 많았다. 아이를 꼭 낳지 않아도 된다고 응답한 이유로 2위를 차지한 것은 남자는 자유로운 생활을 원해서, 여자는 직장 생활을 유지하고 싶어서인 것으로 나타났다.

'아이를 꼭 낳아야 하는가'에 대한 설문 조사 결과와 그중 '아니다'라고 응답한 이유를 서술해야 합니다. 이때 자신이 아이를 낳아야 하는지에 대해 어떤 생각을 가지고 있는지를 서술하는 것이 아니라, 조사 결과를 그대로 옮겨서 써야 합니다. '아니다'라고 응답한 이유도 간접 화법 등을 사용하여 기술하면 적절합니다.

10

직장인 출퇴근 시간 현황에 대해 조사한 자료를 보면, 지역마다 차이가 있는 것을 알 수 있다. 그중 경기가 135분으로 가장 오래 걸리는 것으로 나타났는데, 출퇴근 시간이 가장 짧은 비수도권과는 2배 이상의 차이를 보였다. 출퇴근 시간 때문에 스트레스를 얼마나 느끼냐는 질문에는 36%가 일주일에 한두 번 느낀다고 답하였고, 31%는 매일 느낀다고 답하였다. 한 달에 한두 번 느끼는 사람은 23%였고 스트레스를 전혀 느끼지 않는 사람은 10%였다.

지역별 직장인 평균 출퇴근 시간과, 출퇴근 시간에 스트레스를 느끼는 정도를 자연스럽게 연결하여 작성합니다.

어휘·문법

낳다
배 속의 아이, 새끼, 알을 몸 밖으로 내보내다.

양육비
아이를 기르는 데 드는 돈.

유지
어떤 상태나 상황 등을 그대로 이어 나감.

어휘·문법

현황
현재의 상황.

수도권
수도와 수도 근처의 지역.

전혀
도무지. 또는 완전히.

54번 유형 주제에 대해 글 쓰기 144쪽

01

	요	즘	은		학	교	에		들	어	가	지		않	은		아	이	들	에	게		다	양
한		교	육	을		실	시	하	는		경	우	가		많	다	.		어	릴		때	부	터
이	루	어	지	는		조	기		교	육	은		좋	은		점	도		있	지	만		문	제
점	도		있	다	.																			

100

	먼	서		조	기		교	육	의		가	장		큰		장	점	은		아	이	의		재
능	을		일	찍		발	견	하	고		아	이	가		가	진		잠	재	력	을		극	대
화	할		수		있	다	는		점	이	다	.		예	를		들	어		예	체	능	계	의
유	명	인		중	에	는		어	릴		때	부	터		체	계	적	인		교	육	을		받

200

은		경	우	가		많	다	.		또		다	른		조	기		교	육	의		장	점	은
아	이	의		학	업		경	쟁	력	을		높	일		수		있	다	는		점	이	다	.
이	외	에	도		조	기		교	육	에	서	의		다	양	한		경	험	은		아	이
의		세	계	관	을		넓	히	는		데		도	움	이		된	다	.					

300

	그	러	나		조	기		교	육	은		부	모	의		강	요	에		의	해		이	루
어	질		수		있	다	는		문	제	점	이		있	다	.		이	로		인	해		아	이
는		스	트	레	스	를		받	거	나	,		억	압	적	인		학	습		경	험	의		반
발	로		학	업	에		흥	미	를		느	끼	지		못	할		수		있	다	.		또	한

400

조	기		교	육	이		과	도	하	게		이	루	어	질		경	우	,		아	이	들	의
정	서		발	달	에		부	정	적	인		영	향	을		미	칠		수		있	다	.	
	조	기		교	육	의		장	점	에	도		불	구	하	고		위	의		문	제	점	을
고	려	하	였	을		때		조	기		교	육	을		실	시	하	는		것	이		적	절

500

하	지		않	다	고		생	각	한	다	.		진	정	한		교	육	이	란		학	습	자	의
자	발	성	과		내	적		동	기	를		전	제	로		이	루	어	진	다	고		생	각
하	기		때	문	이	다	.		아	이	는		발	달		중	에		있	고		경	험	이
적	기		때	문	에		자	신	이		무	엇	을		배	우	고		싶	은	지		명	확

600

히		인	지	하	지		못	할		가	능	성	이		크	다	.		이	는		아	이	의
동	기	보	다		보	호	자	의		바	람	이		조	기		교	육	에		더		큰
영	향	을		미	치	게		되	는		이	유	이	기	도		하	다	.		이	러	한		이
유	로		조	기		교	육	을		실	시	하	는		것	에		반	대	한	다	.

700

어휘 · 문법

잠재력
겉으로 드러나지 않고 속에 숨어 있는 힘.

극대화
더 이상 커질 수 없을 만큼 커짐. 또는 그렇게 만듦.

체계적
전체가 일정한 원리에 따라 단계적으로 잘 짜여진 것.

강요
어떤 일을 강제로 요구함.

전제
어떤 사물이나 현상을 이루기 위하여 먼저 내세우는 것.

조기 교육의 장점과 문제점, 찬성 혹은 반대의 의견을 중급과 고급 수준의 표현을 사용하여 작성해야 합니다. 이때 자신의 입장은 찬성과 반대의 입장 중 하나만을 선택하여 적절한 근거를 들며 마무리해야 합니다.

문화 예술 교육은 자아가 형성되어 가는 청소년기의 학생들이 삶의 가치관을 정립하는 데 중요한 정서적 기반을 제공한다. 또 어린 시절부터 지속적으로 문화 예술 활동을 하는 것은 청소년기에 이루어지는 도덕적, 사회적 발달을 촉진시켜 주도적인 삶의 태도를 갖게 한다. 이러한 문화 예술 교육의 중요성에 대한 인식은 사회 전반에 걸쳐 폭넓게 확산되고 있으며, 관련 연구들이 국내외에서 다양하게 진행되고 있다.

양질의 문화 예술 교육은 학교 개혁과 학생들의 학업 동기 부여에도 효과적이다. 실제로 해외에서는 낮은 학업 성취도를 보이는 학교를 대상으로 문화 예술 교육을 지원하여 긍정적인 결과를 얻어낸 바가 있다. 이렇듯 학생들의 학업에 대한 동기 부여가 이루어지면 부모와 교사, 친구와의 관계에서 가지고 있던 부정적인 인식이 여러 경로를 통해 완화되고 조절되는 효과도 나타나게 된다. 따라서 문화 예술 교육은 청소년기에 반드시 필요하다고 볼 수 있다.

그렇다면 이를 구체적으로 실현하는 방법에는 어떤 것이 있을까? 우선 문화 예술에서 소외되거나 취약한 지역에 있는 학생들도 문화 예술을 향유할 수 있도록 돕는 정책이 마련되어야 한다. 그리고 각 학교에서도 입시 위주의 교과 교육에서 벗어나 문화 예술을 각 교과목과 혼합하여 교육할 수 있는 문화 예술 캠프를 기획하는 등의 노력이 필요하다.

어휘·문법

시행되다
실제로 행해지다.

자아
세상에 대한 인식이나 행동의 주체가 되는 자기.

인식
무엇을 분명히 알고 이해함.

실현하다
꿈이나 계획 등을 실제로 이루다.

청소년기에 문화 예술 교육이 필요한 이유 2~3가지와, 이를 실제로 시행할 수 있는 구체적인 방법 2~3가지 정도를 생각해 시험지의 빈 곳에 미리 적어 본 다음 글이 자연스럽게 흐르도록 구성하여 작성합니다. 필요하다면 적절한 예를 들어 설명해 주는 것도 좋은 방법입니다.

03

	요	즘		드	라	마	나		영	화	에	서		특	정		회	사	의		제	품	을	
노	출	하	는		간	접		광	고	가		유	행	하	고		있	다	.		회	사	는		인
기	가		많	은		드	라	마	나		영	화	를		통	해	서		자	신	들	의		제
품	인		냉	장	고	나		자	동	차		등	을		광	고	한	다	.		이	를		통	해
소	비	자	들	은		새	로	운		제	품	을		접	하	고		그		사	용	법	을	
알		수		있	다	.																		
	그	런	데		간	접		광	고	의		양	이		지	나	치	게		많	으	면		부
작	용	이		나	타	난	다	.		간	접		광	고	에	서	는		제	품	의		장	점	만
보	여		주	고		단	점	은		보	여		주	지		않	는	다	.		소	비	자	들	은
작	품	에		등	장	하	는		연	예	인	의		긍	정	적	인		이	미	지	와		제
품	의		이	미	지	를		동	일	시	하	기		때	문	에		쉽	게		제	품	을	
구	매	하	게		된	다	.		하	지	만		제	품	의		단	점	을		뒤	늦	게		발
견	하	고		실	망	하	는		일	이		발	생	한	다	.		또	한		간	접		광	고
가		지	나	쳐		작	품	에		몰	입	하	기		힘	든		경	우	도		많	다	.	
진	지	한		내	용	이		진	행	되	고		있	는	데		갑	자	기		어	떠	한	
이	유	도		없	이		화	장	품	이	나		가	전	제	품		등	이		확	대	되	어	
등	장	해		극	의		흐	름	을		방	해	하	는		것	이	다	.		이	러	한		일
들	이		많	아	지	면	서		일	부		시	청	자	들	은		방	송	사	에		항	의
를		하	기	도		한	다	.																
	이	와		같	은		문	제	들	을		해	결	하	기		위	해	서		제	작	사	는
광	고	를		하	기		전	,		해	당		제	품	에		문	제	점	이		없	는	지	
확	인	을		하	는		것	이		필	요	하	며	,		간	접		광	고	의		적	절	한
양	을		정	하	여		작	품	의		흐	름	을		방	해	하	지		않	아	야		한
다	.	시	청	자	들	은		드	라	마	,		영	화	를		보	고	자		하	는		것	이
지		광	고	를		보	고	자		하	는		것	이		아	니	기		때	문	이	다	.	

어휘·문법

노출하다
감추어져 있는 것을 남이 보거나 알 수 있도록 겉으로 드러내다.

간접
둘이 바로 연결되지 않고 중간에 다른 것을 통해서 이어짐.

동일시
서로 다른 둘 이상의 대상을 똑같은 것으로 봄.

항의
어떤 일이 올바르지 않거나 마음에 들지 않아 반대하는 뜻을 주장함.

글의 시작 부분에서 간접 광고의 현황을 적절하게 소개한 다음 간접 광고가 많아지면서 생기는 문제점을 구체적으로 서술해야 합니다. 이때 고급 문법을 많이 사용해야 한다는 것도 기억해야 합니다. 이 지문의 경우, 평소에 자주 보는 텔레비전 프로그램 속의 간접 광고에는 어떤 것들이 있는지 생각해 본 후에 글을 쓰면 좋습니다.

	지	하	철		노	선	도	를		잘		읽	지		못	하	거	나	,		의	약	품		설	
명	서	를			읽	고	도			그		내	용	을		이	해	하	지		못	하	는		사	람
들	이		있	다	.		글	자	나		기	호	를		읽	는		법	을		모	르	는		것	
이		아	니	라	,		내	용	을		읽	을		수	는		있	지	만		내	용	을		이	100
해	하	는		능	력	이		부	족	하	다	는		의	미	이	다	.		노	선	도	,		설	명
서		등	은		모	두		일	상	적	인		문	서	로		우	리	의		일	상	생	활		
에	서		중	요	한		부	분	을		차	지	한	다	.		따	라	서		이		문	서	들	
을		제	대	로		이	해	하	지		못	한	다	면		제	시	간	에		약	속		장	200
소	에		도	착	하	기		어	려	울		수		있	고	,		중	요	한		안	내		사	
항	을		기	억	하	지		못	해		실	수	를		하	는		일	이		발	생	할			
수		있	다	.	심	한		경	우		약	의		복	용		방	법	을		혼	동	해	서		
위	험	한		상	황	에		이	를		수	도		있	다	.										300
	문	서	를		해	독	하	지		못	해	도		큰		문	제	가		없	는		경	우		
도		있	지	만	,		예	상	하	지		못	한		큰		피	해	를		입	을		수	도	
있	는		것	이	다	.		그	렇	기		때	문	에		일	상	적	인		문	서	를		해	
독	하	는		능	력	을		기	르	는		것	은		필	수	적	이	다	.						400
	문	서		이	해		능	력	을		키	우	기		위	해	서	는		평	소	에		모	
르	는		어	휘	를		발	견	하	면		사	전	에	서		그		뜻	을		알	아			
두	고	,		각		문	서	에	서		반	드	시		알	아	야		할		내	용	이		무	
엇	인	지		확	인	하	는		연	습	을		하	는		것	이		좋	다	.		특	히		500
약	의		복	용	법		등	을		읽	어		보	지		않	고		버	리	는		경	우		
가		많	은	데	,		이	와		같	은		습	관	도		반	드	시		개	선	해	야		
한	다	.		이	외	에	도		공	사		안	내		등	과		같	이		생	활	과		밀	
접	한		중	요		사	항	이		적	힌		글	을		읽	을		때	에	는		자	신	600
이		이	해	한		것	이		맞	는	지		주	위		사	람	들	에	게		확	인	하		
는		과	정	을		거	치	는		것	도		하	나	의		방	법	이		될		수			
있	다	.																							700

어휘·문법

의약품
병을 낫게 하는 데 쓰는 약품.

일상적
늘 있어서 특별하지 않은 것.

복용
약을 먹음.

해독하다
어려운 구절이나 글 등을 읽어 뜻을 이해하거나 해석하다.

문장을 연결하는 접속 표현이나 지시어를 적절하게 사용하면 좋습니다. 또한 각 문장 안에서 전달하고자 하는 내용에 대해 명확하고 구체적인 근거를 다양하게 제시해야 합니다. 예를 들어, 모범 답안과 같이 '열심히 읽으면 된다. 많이 읽는다'와 같이 추상적이지 않고, 구체적인 실천 방안을 제시하면 더 좋은 답안을 만들 수 있습니다.

05

흔히 현대 사회를 정보가 홍수처럼 쏟아지는 시대라고 말한다. 이전에는 문서를 잘 관리하는 능력이 중요했지만, 요즘에는 정보를 관리하는 능력이 중요시되고 있다. 책, 인터넷 등을 통해 너무나 많은 정보가 공유되고 있기 때문에 이 정보들 중에서 나에게 필요한 정보를 확실히 구분해서 모아 두는 것이 좋다. 이렇게 정리해 둔 정보는 나중에 과제나 업무를 수행할 때 유용하게 사용할 수 있기 때문이다. 물론 이때에도 출력해서 정리할 정보, 외장 하드나 컴퓨터에 정리해 둘 정보를 구분하고 한눈에 보기 쉽게 정리해야 한다. 또한 일주일, 혹은 한 달이나 일 년마다 내가 정리하여 가지고 있는 정보들 중에서 필요가 없어진 것들을 정리하여 폐기하는 습관을 기르는 것도 좋다. 자신도 모르는 사이에 오래되고 필요 없는 정보가 컴퓨터 등에 쌓이다 보면 정작 중요한 정보를 찾아야 할 때 찾기 어려워지기 때문이다.

이러한 정보 관리 능력을 가지기 위해서는 홍수처럼 쏟아지는 모든 정보를 무조건 모으기보다 어떤 것이 나에게 정말 필요한 정보인지 판단하고 선택하는 과정이 필요하다. 또한 양질의 정보를 모아 놓은 사이트들의 주소를 모아 두고 그곳에서 필요한 정보를 검색할 수 있도록 하는 것도 하나의 방법이 될 수 있다. 위에서 언급한 내용들을 습관화하여 개개인의 정보 관리 능력을 향상시킬 수 있도록 노력해야 할 것이다.

어휘·문법

쏟아지다
어떤 일이나 대상, 현상 등이 한꺼번에 많이 생기다.

수행하다
일을 생각하거나 계획한 대로 해내다.

유용하다
쓸모가 있다.

무조건
아무것도 따지지 않고, 특별한 이유나 조건 없이.

현대 사회에서 정보 관리 능력이 필요한 이유와 필요한 정보 관리 능력에 대해 충분하게 설명하여야 합니다. 접속 부사나 적절한 피동법을 적용한 어휘도 많이 사용하면 좋습니다. 글자 수도 넘치지 않게 잘 작성하기 바랍니다. 또한 '나는', '저는'과 같은 표현이 아니라, '−이 필요하다', '−ㄴ 것도 하나의 방법이 될 수 있다' 등의 표현을 사용하여 최대한 객관적으로 정리한다면 높은 점수를 받을 수 있습니다.

		요	즘		꽤		많	은		사	람	들	이		사	소	한		일	에		지	나	치	게	
크	게		화	를		내	고	는		한	다	.		이	는		스	스	로		자	신	의		감	
정	을		조	절	하	기	가		어	려	운		탓	이	다	.		이	렇	게		자	기		감	
정	을		조	절	하	지		못	하	는		것	은		여	러		문	제	를		발	생	시		100
킨	다	.		우	선		갑	자	기		크	게		화	를		낸	다	거	나		어	떤		행	
동	을		하	게		되	면		상	대	방	은		매	우		당	황	할		것	이	다	.		
상	대	방	이		가	족	이	나		친	구	라	면		조	금		더		이	해	를		해		
줄		수		있	을	지		모	르	지	만		학	교	나		회	사	에	서		만	난		200
사	람	이	라	면		상	황	은		많	이		달	라	진	다	.		예	측	하	기		힘	든	
성	격	을		가	진		사	람	과		관	계	를		유	지	하	고		싶	은		사	람		
은		많	지		않	기		때	문	이	다	.		결	국		감	정	을		잘		조	절	하	
지		못	하	고		자	신	이		슬	프	거	나		화	나	는		것	을		그	대	로		300
드	러	내	는		사	람	은		외	로	운		삶	을		살	아	갈		확	률	이		높		
다	.		또	한		이	런		행	동	은		상	대	방	뿐	만		아	니	라		스	스	로	
에	게	도		악	영	향	을		끼	친	다	.		화	를		과	도	하	게		느	끼	는		
순	간	,		심	장	이	나		혈	액		순	환	에		문	제	가		발	생	할		수		400
있	고	,		크	게		화	를		낸		뒤	에	는		상	대	방	에	게		미	안	한		
마	음	에		지	나	치	게		눈	치	를		보	고		소	심	한		상	태	가		되		
는		일	도		많	다	.																			
		이	렇	듯		감	정	을		조	절	하	는		것	은		중	요	한	데	,		감	정	을	500
조	절	하	기		위	해	서	는		무	엇	보	다		내	가		감	정	을		조	절	하	
지		못	하	는		특	정	한		순	간	이		언	제	인	지	를		알	아	야		한	
다	.		그	것	을		파	악	하	고		나	면	,		그	런		상	황	이		닥	칠		때	
마	음	을		다	스	릴		준	비	를		할		수		있	기		때	문	이	다	.		또	600
한		감	정	을		쏟	아		낸		뒤	에		어	떠	한		분	위	기	가		될	지		
예	상	을		해		보	는		것	도		감	정	을		조	절	하	는		데	에	도		
움	이		될		수		있	다	.																	700

어휘·문법

사소하다
중요하지 않은 정도로 아주 작거나 적다.

조절
균형에 맞게 바로잡거나 상황에 알맞게 맞춤.

-ㄴ 탓이다
부정적인 결과에 대한 원인이나 까닭을 나타내는 표현.

소심하다
겁이 많아 대담하지 못하고 지나치게 조심스럽다.

'-ㄴ 탓이다', '발생하다', '악영향을 끼치다', '소심하다' 등 고급 표현을 사용하면 좋습니다. 내가 쓴 글의 문장과 문장 간의 내용 연결이 긴밀한지 확인해 보시기 바랍니다. '자신이 감정을 잘 조절하는 편이어서 문제가 생긴 적이 없다', '이미 조절을 잘 해서 다른 방법이 필요 없다'는 등의 내용을 작성하게 되면 주제를 제대로 다루지 못하게 되므로 이 점을 유의해야 합니다.

07

반려동물이란 무엇인가? 현대 사회에서는 개나 고양이를 단순히 사람이 키우는 동물이 아니라, 사람과 함께 생활을 해 나가는 존재로 인식하고 있다. 그래서 애완동물이 아니라, 반려동물이라고 부른다. 반려동물은 많은 사람들에게 위로가 되고 행복을 안겨 준다. 사람과 대화를 하는 것은 아니지만 감정을 주고받고, 소통을 한다. 특히 어린 아이들이 있는 가정에서는 반려동물을 키우는 것이 아이들의 인성 교육에도 긍정적인 영향을 준다고 한다.

　그러나 근래에 반려동물을 키우다가 물건처럼 쉽게 버리는 일이 종종 발생하고 있다. 반려동물이 아플 때 드는 치료 비용이 매우 비싸서 부담이 되거나, 나이가 들어 더 이상 귀엽고 예쁘지 않은 동물은 가치가 없다고 생각하기 때문이다. 하지만 반려동물은 물건이 아니다. 하나의 생명이므로 함부로 유기하거나, 폭력을 행사하거나, 치료를 하지 않고 방치해서는 안 된다.

　그렇기 때문에 반려동물과 함께 살기 위해서는 여러 가지를 고려하고 주의해야 한다. 우선, 장난감처럼 귀엽고 예쁘니까 키워 봐야겠다는 단순한 생각으로 반려동물을 키우는 충동적인 행동은 삼가는 것이 좋다. 반려동물이 늙거나 아파도 보살필 수 있는지, 오래 집을 비워야 할 때 돌봐 줄 사람이 있는지를 생각해 봐야 한다. 또 경제적인 비용도 부담할 수 있는지도 고려해야 한다.

어휘·문법

-라고
다른 사람에게서 들은 내용을 간접적으로 전달하거나 주어의 생각, 의견 등을 나타내는 표현.

함부로
조심하거나 깊이 생각하지 않고 마구.

유기하다
보살피거나 관리하지 않고 버리다.

충동적
어떤 행동을 하고 싶은 마음이 갑작스럽게 일어나는.

질문을 던지며 글을 시작하여 독자의 흥미를 유발하는 것도 좋습니다. 반려동물을 키우는 것의 장점을 구체적인 예를 들어 설명하면 설득력을 높일 수 있습니다. 평소에 반려동물에 대해 아는 정보가 없거나 별로 생각해 보지 않았다면, 글을 쓰기 전 관련 정보를 검색해 보고 작성하는 것도 좋은 방법입니다. 단, 연습을 하는 이 순간에만 가능한 방법임을 명심합시다.

08

어떤 일을 다른 사람들과 함께 계획하고 추진하기 위해서는 그 사람들과의 원활한 인간관계가 필요하다. 다만 인간관계를 원활하게 하는 데에는 많은 대화가 요구되며, 이 과정에서 의사소통 능력이 중요한 역할을 한다. 일반적으로 의사소통은 타인과의 소통의 시작이어서 의사소통이 제대로 이루어지지 않는 경우 오해가 생기고 불신이 생기며 경우에 따라서는 분쟁으로까지 이어질 수 있게 된다.

그런데 이러한 의사소통이 항상 원활히 이루어지는 것은 아니다. 사람들은 서로 다른 생활환경과 경험을 가지고 있고, 이는 사고방식의 차이로 이어지게 된다. 이러한 차이가 의사소통을 어렵게 함과 동시에 새로운 갈등을 야기하기도 한다.

따라서 원활한 의사소통을 위한 적극적인 노력이 필요하다. 우선 상대를 배려하는 입장에서 말을 하는 자세가 필요하다. 나의 말이 상대를 불편하게 만드는 것은 아닌지 항상 생각하며 이야기하여야 한다. 다음으로 다른 사람의 말을 잘 듣는 자세가 필요하다. 마음을 열고 다른 사람의 이야기를 듣는 것은 상대를 이해하는 데 꼭 필요하기 때문이다. 마지막으로 서로의 입장에서 현상을 바라보는 자세가 필요하다. 이는 서로가 가질 수 있는 편견과 오해를 해결할 수 있는 역할을 하기 때문이다.

어휘 · 문법

추진하다
어떤 목적을 위해서 일을 밀고 나아가다.

원활하다
막힘이 없이 순조롭고 매끄럽다.

타인
다른 사람.

야기하다
일이나 사건 등을 일으키다.

편견
공평하고 올바르지 못하고 한쪽으로 치우친 생각.

의사소통이 중요한 이유와 의사소통이 잘 안 되는 이유, 문제점을 해결하는 방법 등을 차례로 서술해야 합니다. 이때 의사소통을 원활하게 하는 방법과 그 방법이 어떤 면에서 효과가 있을지에 대해서는 구체적인 내용을 제시하면 더 좋습니다.

09

요즘 서점에 가 보면 '결정'을 주제로 한 자기계발서가 많이 나와 있다. 성인이 되어서도 자신이 무엇을 해야 하는지 스스로 결정하지 못하는 사람이 많기 때문이다. 사람들이 결정을 어려워하는 이유로는 여러 가지를 꼽을 수 있다. 우선 다른 사람의 시선을 의식하는 경우가 있을 것이고, 선택을 해야 하는 항목들은 많은데 자신만의 기준이 정립되지 않아 쉽게 결정을 내리지 못하는 경우도 있다. 또한 자신이 무엇을 좋아하는지 잘 몰라서 결정이 어렵거나, 다른 사람에게 결정을 맡기는 것이 마음이 편한 경우도 있을 것이다. 그러나 자신의 일은 스스로 결정을 할 수 있어야 한다. 타인이 자신의 삶을 대신 살아 줄 수 없으며, 누군가가 영원히 자신의 삶을 결정해 주거나 삶에 도움을 줄 수 없기 때문이다. 또한 타인이 결정한 일로 문제가 발생한 경우에 그것에 대해 책임지는 것은 결국 자기 자신이기 때문에 스스로 결정하는 능력을 키워야만 한다. 스스로 결정하는 힘을 키우기 위해서는 먼저 자신이 결정을 쉽게 내리지 못하는 원인을 파악해야 한다. 원인을 파악한 후에는 그 원인에 맞는 해결 방안을 생각하고 작은 결정부터 스스로 해 나가는 노력을 기울여야 한다. 아울러 자신감을 회복하는 노력을 하거나, 자신이 좋아하는 것이 무엇인지 점검을 해야 할 것이다.

어휘 · 문법

결정
무엇을 어떻게 하기로 분명하게 정함. 또는 그렇게 정해진 내용.

정립
방법, 내용, 이론, 법칙 등을 정하여 세움.

파악하다
어떤 일이나 대상의 내용이나 상황을 확실하게 이해하여 알다.

기울이다
정성이나 노력을 한데 모으다.

스스로 결정하는 것이 중요한 이유와 스스로 결정하는 방법에 대해서 적절하게 서술하여야 합니다. '것' 대신 '항목', '다른 사람' 대신 '타인' 등의 한자어 어휘를 사용하여 고급 수준의 글로 작성해 보시기를 바랍니다. 혹시 어떤 내용을 써야 할 지 모르겠다면, 음식 메뉴를 결정하기 어려웠던 경험, 쇼핑을 하면서 물건을 잘 고르지 못했던 경험 등의 일상생활 속의 자신의 경험을 떠올리면서 글을 쓰는 것도 좋습니다.

10

<table>
<tr><td></td><td>스</td><td>마</td><td>트</td><td>폰</td><td>은</td><td></td><td>현</td><td>대</td><td></td><td>사</td><td>회</td><td>의</td><td></td><td>필</td><td>수</td><td>품</td><td>으</td><td>로</td><td></td><td>우</td><td>리</td><td>의</td><td></td><td>생</td></tr>
<tr><td>활</td><td>에</td><td></td><td>중</td><td>요</td><td>한</td><td></td><td>부</td><td>분</td><td>을</td><td></td><td>차</td><td>지</td><td>하</td><td>고</td><td></td><td>있</td><td>다</td><td>.</td><td></td><td>그</td><td>런</td><td>데</td><td></td><td>필</td><td>요</td></tr>
<tr><td>한</td><td></td><td>일</td><td>에</td><td>만</td><td></td><td>사</td><td>용</td><td>하</td><td>는</td><td></td><td>정</td><td>도</td><td>를</td><td></td><td>넘</td><td>어</td><td>서</td><td>,</td><td></td><td>스</td><td>마</td><td>트</td><td>폰</td><td>이</td></tr>
<tr><td>없</td><td>으</td><td>면</td><td></td><td>불</td><td>안</td><td>함</td><td>을</td><td></td><td>느</td><td>껴</td><td></td><td>한</td><td>순</td><td>간</td><td>도</td><td></td><td>손</td><td>에</td><td>서</td><td></td><td>스</td><td>마</td><td>트</td><td>폰</td><td>100</td></tr>
<tr><td>을</td><td></td><td>놓</td><td>을</td><td></td><td>수</td><td></td><td>없</td><td>는</td><td></td><td>스</td><td>마</td><td>트</td><td>폰</td><td></td><td>중</td><td>독</td><td></td><td>현</td><td>상</td><td>이</td><td></td><td>심</td><td>각</td><td>한</td></tr>
<tr><td>사</td><td>회</td><td>적</td><td></td><td>문</td><td>제</td><td>로</td><td></td><td>대</td><td>두</td><td>되</td><td>고</td><td></td><td>있</td><td>다</td><td>.</td><td></td><td>현</td><td>대</td><td>인</td><td>들</td><td>은</td><td></td><td>가</td><td>족</td><td>이</td></tr>
<tr><td>나</td><td></td><td>친</td><td>구</td><td>들</td><td>과</td><td></td><td>만</td><td>나</td><td>도</td><td></td><td>서</td><td>로</td><td></td><td>얼</td><td>굴</td><td>을</td><td></td><td>보</td><td>고</td><td></td><td>대</td><td>화</td><td>를</td></tr>
<tr><td>나</td><td>누</td><td>지</td><td></td><td>않</td><td>고</td><td></td><td>각</td><td>자</td><td></td><td>스</td><td>마</td><td>트</td><td>폰</td><td>으</td><td>로</td><td></td><td>인</td><td>터</td><td>넷</td><td></td><td>검</td><td>색</td><td>을</td><td></td><td>200</td></tr>
<tr><td>하</td><td>거</td><td>나</td><td></td><td>채</td><td>팅</td><td>,</td><td></td><td>혹</td><td>은</td><td></td><td>게</td><td>임</td><td>을</td><td></td><td>즐</td><td>기</td><td>기</td><td></td><td>일</td><td>쑤</td><td>이</td><td>다</td><td>.</td><td></td><td>심</td><td>한</td></tr>
<tr><td>경</td><td>우</td><td>에</td><td>는</td><td></td><td>마</td><td>주</td><td></td><td>보</td><td>고</td><td></td><td>앉</td><td>아</td><td>서</td><td></td><td>스</td><td>마</td><td>트</td><td>폰</td><td>으</td><td>로</td><td></td><td>대</td><td>화</td><td>를</td></tr>
<tr><td>하</td><td>기</td><td>도</td><td></td><td>한</td><td>다</td><td>.</td><td></td><td></td><td></td><td></td><td></td><td></td><td></td><td></td><td></td><td></td><td></td><td></td><td></td><td></td><td></td><td></td><td></td><td></td><td>300</td></tr>
<tr><td></td><td>스</td><td>마</td><td>트</td><td>폰</td><td>에</td><td></td><td>중</td><td>독</td><td>이</td><td></td><td>되</td><td>면</td><td></td><td>안</td><td></td><td>좋</td><td>은</td><td></td><td>자</td><td>세</td><td>를</td><td></td><td>계</td><td>속</td></tr>
<tr><td>유</td><td>지</td><td>하</td><td>기</td><td></td><td>때</td><td>문</td><td>에</td><td></td><td>건</td><td>강</td><td>에</td><td>도</td><td></td><td>좋</td><td>지</td><td></td><td>않</td><td>을</td><td>뿐</td><td>더</td><td>러</td><td></td><td>어</td><td>떤</td></tr>
<tr><td>일</td><td>에</td><td></td><td>대</td><td>해</td><td></td><td>오</td><td>랫</td><td>동</td><td>안</td><td></td><td>기</td><td>억</td><td>하</td><td>는</td><td></td><td>능</td><td>력</td><td>이</td><td></td><td>떨</td><td>어</td><td>진</td><td>다</td><td>.</td></tr>
<tr><td>스</td><td>마</td><td>트</td><td>폰</td><td>으</td><td>로</td><td></td><td>모</td><td>든</td><td></td><td>정</td><td>보</td><td>를</td><td></td><td>그</td><td>때</td><td>그</td><td>때</td><td></td><td>찾</td><td>아</td><td>서</td><td></td><td>볼</td><td></td><td>400</td></tr>
<tr><td>수</td><td></td><td>있</td><td>기</td><td></td><td>때</td><td>문</td><td>에</td><td>,</td><td></td><td>우</td><td>리</td><td>의</td><td></td><td>뇌</td><td>가</td><td></td><td>오</td><td>랫</td><td>동</td><td>안</td><td></td><td>기</td><td>억</td><td>하</td><td>려</td></tr>
<tr><td>는</td><td></td><td>노</td><td>력</td><td>을</td><td></td><td>하</td><td>지</td><td></td><td>않</td><td>기</td><td></td><td>때</td><td>문</td><td>이</td><td>다</td><td>.</td><td></td><td>또</td><td>한</td><td></td><td>잠</td><td>들</td><td>기</td><td></td><td>직</td></tr>
<tr><td>전</td><td>까</td><td>지</td><td></td><td>스</td><td>마</td><td>트</td><td>폰</td><td>을</td><td></td><td>사</td><td>용</td><td>하</td><td>기</td><td></td><td>때</td><td>문</td><td>에</td><td></td><td>뇌</td><td>가</td><td></td><td>쉴</td><td></td><td>수</td></tr>
<tr><td>없</td><td>어</td><td></td><td>피</td><td>곤</td><td>함</td><td>도</td><td></td><td>쉽</td><td>게</td><td></td><td>사</td><td>라</td><td>지</td><td>지</td><td></td><td>않</td><td>는</td><td>다</td><td>.</td><td></td><td></td><td></td><td></td><td></td><td>500</td></tr>
<tr><td></td><td>스</td><td>마</td><td>트</td><td>폰</td><td></td><td>중</td><td>독</td><td>을</td><td></td><td>해</td><td>결</td><td>하</td><td>기</td><td></td><td>위</td><td>해</td><td>서</td><td>는</td><td></td><td>자</td><td>신</td><td>에</td><td>게</td></tr>
<tr><td>스</td><td>마</td><td>트</td><td>폰</td><td></td><td>중</td><td>독</td><td>이</td><td></td><td>있</td><td>는</td><td>지</td><td></td><td>없</td><td>는</td><td>지</td><td>를</td><td></td><td>점</td><td>검</td><td>해</td><td></td><td>보</td><td>아</td><td>야</td></tr>
<tr><td>한</td><td>다</td><td>.</td><td></td><td>만</td><td>약</td><td></td><td>스</td><td>마</td><td>트</td><td>폰</td><td></td><td>중</td><td>독</td><td>이</td><td>라</td><td>면</td><td>,</td><td></td><td>가</td><td>장</td><td></td><td>먼</td><td>저</td><td></td><td>스</td><td>마</td></tr>
<tr><td>트</td><td>폰</td><td>을</td><td></td><td>사</td><td>용</td><td>하</td><td>는</td><td></td><td>시</td><td>간</td><td>을</td><td></td><td>줄</td><td>여</td><td>야</td><td></td><td>한</td><td>다</td><td>.</td><td></td><td>이</td><td>때</td><td></td><td>잠</td><td>시</td></tr>
<tr><td>운</td><td>동</td><td>을</td><td></td><td>하</td><td>거</td><td>나</td><td></td><td>차</td><td>를</td><td></td><td>마</td><td>시</td><td>며</td><td></td><td>휴</td><td>식</td><td>을</td><td></td><td>취</td><td>하</td><td>는</td><td></td><td>것</td><td>도</td><td>600</td></tr>
<tr><td>좋</td><td>다</td><td>.</td><td></td><td>이</td><td>와</td><td></td><td>함</td><td>께</td><td></td><td>사</td><td>람</td><td>들</td><td>과</td><td></td><td>얼</td><td>굴</td><td>을</td><td></td><td>보</td><td>며</td><td></td><td>대</td><td>화</td><td>를</td></tr>
<tr><td>하</td><td>고</td><td></td><td>대</td><td>인</td><td></td><td>관</td><td>계</td><td>를</td><td></td><td>적</td><td>절</td><td>히</td><td></td><td>유</td><td>지</td><td>하</td><td>려</td><td>는</td><td></td><td>노</td><td>력</td><td>도</td><td></td><td>병</td></tr>
<tr><td>행</td><td>해</td><td>야</td><td></td><td>한</td><td>다</td><td>.</td><td></td><td></td><td></td><td></td><td></td><td></td><td></td><td></td><td></td><td></td><td></td><td></td><td></td><td></td><td></td><td></td><td></td><td></td><td>700</td></tr>
</table>

'–(으)로 대두되다', '–기 일쑤이다', '–이/가 저하되다' 등의 표현을 다양하게 사용해 보시기를 바랍니다. 스마트폰 중독의 문제점과 해결 방안도 다양하게 제시하여야 합니다. 만약 스마트폰 중독의 문제점이 잘 생각이 나지 않는다면, 앞으로 발생할 것으로 예상되는 문제점을 떠올려 보고 그것을 언급하며 글을 완성하는 것도 하나의 방법입니다.

어휘·문법

차지하다
일정한 공간이나 비율을 이루다.

중독
어떤 사상이나 사물에 빠져서 정상적인 생각이나 판단을 할 수 없는 상태.

점검
낱낱이 검사함. 또는 그런 검사.

취하다
자기 것으로 만들어 가지다.

병행하다
둘 이상의 일을 한꺼번에 진행하다.

정답과 해설

최신판

에듀윌 한국어능력시험
TOPIK II 쓰기 실전서
+무료특강

고객의 꿈, 직원의 꿈, 지역사회의 꿈을 실현한다

에듀윌 도서몰
book.eduwill.net

• 부가학습자료 및 정오표: 에듀윌 도서몰 > 도서자료실
• 교재 문의: 에듀윌 도서몰 > 문의하기 > 교재(내용, 출간) / 주문 및 배송

에듀윌 한국어능력시험
QUICK TOPIK II 쓰기
기출유형 실전서

I. 어휘

★ 표시된 어휘는 '시험에 자주 나오는 어휘'이니 가장 먼저 공부하세요!

01 | 중요 어휘

1. 명사

어휘	길잡이 말	어휘	길잡이 말
ㄱ		★ 개최	공동 개최
가속화	성장 가속화	개혁	경제 개혁
가치관	이 바뀌다	거대	거대 규모
가해자	를 처벌하다	거래	가 이루어지다
각	각 개인	거래처	거래처 직원
각오	를 다지다	건성	으로 답하다
각자	의 역할	검색	인터넷 검색
각종	각종 과일	★ 검토	서류 검토
★ 간접적	간접적 영향	격려	를 받다
간판	을 걸다	견학	박물관 견학
간호	를 받다	견해	견해 차이
갈증	이 나다	결론	을 내리다
감격	감격의 눈물	결승	결승 경기
감상	음악 감상	결제	카드 결제
감성	이 풍부하다	결합	을 이루다
감소	인구 감소	겸손	겸손한 자세
감시	를 당하다	경계	가 없다
강우량	이 많다	★ 경고	를 하다
강자	를 물리치다	경력	을 쌓다
강좌	를 개설하다	경비	여행 경비
★ 개념	을 이해하다	경비실	아파트 경비실
개발	재능 개발	경영	회사 경영
개방	개방 시간	경쟁력	을 키우다
개별	개별 행동	경제력	이 있다
★ 개선	제도 개선	경제적	경제적 능력

어휘	길잡이 말		어휘	길잡이 말
★ 경향	새로운 경향		금액	을 지불하다
★ 계기	사건의 계기		금융	금융 분야
고급	고급 시계		급증	인구 급증
고려	고려 사항		긍정적	긍정적 태도
고유	고유의 문화		기계	가 작동하다
고정	고정 수입		기관	사설 기관
공공	공공 기관		기구	운동 기구
공공요금	이 인상되다		기념회	출판 기념회
공공장소	를 이용하다		★ 기능	이 다양하다
★ 관련	이 있다		기대	를 저버리지 않다
관리	학생 관리		기둥	을 세우다
관심사	가 다르다		기반	을 다지다
관점	이 다르다		기본	을 익히다
관찰	식물 관찰		★ 기본적	기본적 권리
광경	을 보다		★ 기부	장학금 기부
★ 권리	를 누리다		기부금	을 내다
권위	를 세우다		기상	이 악화되다
권유	간곡한 권유		기술	을 배우다
권한	을 행사하다		기술자	를 양성하다
규모	가 크다		기억력	이 좋다
규정	을 지키다		기업	세계적인 기업
★ 규칙적	규칙적 생활		기업가	가 되다
★ 균형	을 잡다		기업체	를 운영하다
극대화	효과의 극대화		★ 기여	를 하다
★ 극복	위기 극복		기원	인류의 기원
근거	법적 근거		기적	이 일어나다
근대	근대적 사고		기존	기존 시설
근래	에 만나다		★ 기준	을 세우다
근무	를 마치다		기지개	를 켜다
근본	을 밝히다		기초	를 다지다
★ 근육	이 발달하다		기타	기타 등등
금년	금년 여름		기혼	기혼 여성

어휘	길잡이 말
기획	기획 상품
★ 기후	기후 변화
긴급	긴급 구조
길가	길가의 가게
길거리	를 걷다
ㄴ	
나물	을 먹다
낭비	를 막다
내용물	을 확인하다
노출	정보 노출
노후	를 대비하다
★ 논리	에 맞다
논리적	논리적 사고
논의	를 거치다
★ 논쟁	을 벌이다
ㄷ	
단골	단골 손님
★ 단독	으로 만나다
★ 단속	을 피하다
단위	화폐 단위
단점	을 극복하다
단지	를 조성하다
단체	에 가입하다
당면	당면 과제
당분간	당분간 쉬다
당첨	복권 당첨
대가	를 지불하다(물건)
대강	대강 정리하다
★ 대개	대개의 경우
대규모	대규모 행사
대기	가 오염되다
대기업	에 취직하다

어휘	길잡이 말
★ 대략	대략 설명하다
대량	으로 생산하다
대로	로 나서다
대립	이 심하다
★ 대비	노후 대비
대상	연구 대상
대상자	합격 대상자
대안	을 세우다
대응	법적 대응
대접	손님 대접
대조	지문 대조
★ 대책	을 마련하다
대처	대처 방안
★ 대체	대체 인력
대출	도서 대출
대표	로 뽑히다
★ 대표적	대표적 작품
대형	대형 냉장고
더위	를 피하다
덧칠	을 하다
도구	청소 도구
도난	을 당하다
도심	에 위치하다
도입	기술 도입
도장	을 찍다
★ 도중	에 끼어들다
독성	이 있다
ㅁ	
마련	학비 마련
마무리	를 짓다
마음가짐	이 바르다
마음속	으로 다짐하다

어휘	길잡이 말
마음씨	가 곱다
마찬가지	너도 마찬가지이다
만	만 3주
만족	을 느끼다
만족감	이 들다
말기	임신 말기
맞은편	에 앉다
맞춤법	에 맞다
매력	을 느끼다
매진	이 되다
★ 매체	대중 매체
맨	맨 꼭대기
머리기사	로 다루다
멍	이 들다
면담	을 요청하다
면도	를 하다
★ 면적	이 넓다
★ 면접	을 보다
면접관	이 질문하다
모국어	모국어 화자
모금	모금 운동
모범	이 된다
몸짓	을 보여 주다
무공해	무공해 농산물
무분별	무분별한 처방
무의식	중에 말하다
무취	무취 물질
미각	을 잃다

ㅂ	
★ 반면	반면에
반복	반복 연습
반성	자기 반성

어휘	길잡이 말
반영	반영 비율
반응	을 보이다
발굴	유적 발굴
발단	사건의 발단
★ 발명	문자의 발명
발목	을 다치다
발생	사건 발생
발자국	을 남기다
발행	잡지 발행
발휘	실력 발휘
밤새	밤새 일하다
밤중	컴컴한 밤중
★ 방식	생활 방식
★ 방안	해결 방안
★ 방지	사고 방지
배경	이 좋다
배낭	을 메다
배낭여행	을 떠나다
배려	세심한 배려
배송	이 빠르다
배우자	를 만나다
배웅	을 하다
★ 배치	자리 배치
범위	가 넓다
범인	을 체포하다
범죄	를 저지르다
법	을 지키다
법률	을 위반하다
법원	에 가다
법적	법적 조치
법칙	을 지키다
★ 변경	계획 변경

어휘	길잡이 말	어휘	길잡이 말
★ 변동	이 심하다	분류	분류 기준
변화	를 겪다	★ 분리	쓰레기 분리 수거
별	별 볼 일	★ 분석	원인 분석
별도	로 마련하다	분실	분실 사고
보관	냉장 보관	분실물	을 찾다
보급	기술 보급	분야	경제 분야
보상	을 받다	분자	분자 운동
보수	를 받다	분쟁	이 발생하다
보안	을 유지하다	★ 분포	인구 분포
★ 보완	문제점 보완	분해	지방 분해
★ 보장	을 받다	불가	청소년 입장 불가
★ 보전	생태계 보전	불가능	은 없다
보조	를 받다	불규칙	불규칙적인 배열
보존	보존 상태	★ 불균형	이 심해지다
보충	보충 수업	불법	불법 주차
복구	피해 복구	불신	이 가득하다
복용	약물 복용	불쾌감	을 느끼다
본능	에 따르다	불평	을 늘어놓다
본부	에서 일하다	불평등	남녀 불평등
본인	본인 명의	불필요	불필요한 지출
본질	을 파악하다	불행	을 느끼다
봉사	봉사 활동	★ 불확실	불확실한 미래
부문	경제 부문	★ 비중	이 높다
부상	을 당하다	★ 비판	을 가하다
★ 부위	상처 부위	★ 비판적	비판적 사고
부작용	이 생기다	ㅅ	
부정02	을 저지르다	★ 사건	이 발생하다
부정10	사실을 부정하다	★ 사고방식	이 다르다
★ 부정적	부정적 태도	사교적	사교적 성격
부정확	부정확한 발음	사기	를 치다
부주의	운전 부주의	사례	를 들다
분량	을 조절하다	사립	사립 학교

어휘	길잡이 말	어휘	길잡이 말
사막	사막 지역	선진국	으로 성장하다
사망	사망 소식	선출	선출 후보
사무	를 보다	★ 선호	선호 직업
사물	을 보다	★ 설득	을 당하다
★ 사상	사상 최초	★ 설립	회사 설립
★ 사생활	을 간섭하다	★ 설치	인터넷 설치
사연	이 복잡하다	★ 성공적	성공적인 삶
★ 상승	물가 상승	★ 성과	를 올리다
상식	에 어긋나다	소극적	소극적인 성격
상업	에 종사하다	소용	이 없다
상영	영화 상영	소원	을 빌다
상점	을 운영하다	소유	개인 소유
★ 상징	이 되다	★ 소음	을 줄이다
★ 상태	를 점검하다	소재	로 삼다
상하	상하 구별	소지품	을 보관하다
★ 상황	이 불리하다	소형	소형 자동차
생기	가 넘치다	속담	을 인용하다
생김새	가 예쁘다	손길	을 내밀다
생명	을 건지다	손질	머리 손질
생방송	으로 방영되다	손해	를 입히다
생산	대량 생산	★ 솜씨	가 좋다
생존	을 위협하다	수도권	에 거주하다
생활비	를 벌다	수동적	수동적 자세
생활용품	을 구입하다	수량	이 모자라다
서명	을 받다	수리	를 맡기다
서적	중고 서적	수리비	를 내다
★ 선거	대통령 선거	수준	이 높다
선두	로 달리다	수집	우표 수집
선약	이 있다	수출	수입
선점	을 하다	수표	를 발행하다
선정	수상자 선정	수행	업무 수행
선진	선진 국가	★ 숙박	숙박 시설

어휘	길잡이 말	어휘	길잡이 말
숙박비	를 지불하다	★ 심리적	심리적 변화
★ 숙소	에 머물다	심사	를 받다
순식간	에 사라지다	심장	이 뛰다
★ 습기	를 제거하다	심정	이 답답하다
★ 습도	가 높다	심판	법의 심판
승객	을 태우다	○	
승낙	을 받다	★ 악화	갈등 악화
승리	를 거두다	안심	이 되다
승진	승진 시험	안약	을 넣다
승차	승차 거부	안정	을 유지하다
승패	를 가르다	양육비	를 요구하다
시각03	일출 시각	엄격	엄격 적용
★ 시각04	시각의 차이	업계	서비스 업계
시기	등록 시기	★ 업무	를 맡다
시대	조선 시대	★ 업적	을 남기다
시도	가 성공하다	업체	와 거래하다
시력	이 좋다	엉망	으로 만들다
시선	이 마주치다	연봉	이 오르다
★ 시설	에 투자하다	연설	을 마치다
시점	에 이르다	★ 연속	일주일 연속
★ 신경	을 다치다	연장	연장 근무
★ 신고	분실물 신고	연체	연체 도서
신뢰	를 잃다	연체료	를 내다
신상품	을 내놓다	연출	영화 연출
신세	를 망치다	연합	유럽 연합
신세대	신세대 문화	열기	뜨거운 열기
신인	신인 배우	열매	가 열리다
신입	신입 사원	열정	을 쏟다
신청서	를 접수하다	열중	을 하다
★ 실용적	실용적 기술	염색	부분 염색
실천	에 옮기다	염증	이 생기다
★ 심리	를 파악하다	영상01	에 담다

어휘	길잡이 말	어휘	길잡이 말
영상03	영상의 날씨	우울	을 느끼다
★ 영양	이 풍부하다	우측	우측 방향
영업	을 마치다	★ 운영	기업 운영
영역	활동 영역	★ 운행	운행 노선
영웅	전쟁 영웅	움직임	을 따라가다
영원	을 약속하다	원리	를 발견하다
영향	을 미치다	원서	를 내다
영향력	을 행사하다	★ 원인	을 밝히다
예상	과 다르다	원칙	을 지키다
★ 예술적	예술적 작품	월말	이 되다
예외	로 하다	웬	웬 영문인지
★ 예측	이 맞다	웬일	로 일찍 오다
★ 오염	오염 물질	위로	를 받다
★ 오해	를 풀다	★ 유일	세계 유일
★ 온갖	온갖 방법	유적	이 발견되다
온종일	이 걸리다	유적지	를 조사하다
★ 온통	은 아니다	유지	질서 유지
완벽	을 추구하다	유쾌	유쾌한 성격
완성	한 달 완성	유통	자본의 유통
완전	에 가깝다	★ 유형	을 나누다
요소	구성 요소	유혹	을 뿌리치다
요인	성공 요인	응시	응시 원서
요청	을 받다	응원	을 보내다
욕구	가 있다	의견	을 나누다
용도	에 맞다	의논	을 하다
용서	를 구하다	의도	를 확인하다
용어	법률 용어	의류	여성 의류
용품	등산 용품	의무	를 다하다
우려	가 크다	★ 의무적	의무적 규정
우수	우수 학생	의문	이 생기다
우승	우승 후보	의사	를 밝히다
우연	우연의 일치	의상	을 고르다

어휘	길잡이 말
의식03	을 잃다
의식04	을 치르다
의심	을 받다
의외	의외의 결과
의욕	이 넘치다
★ 의존	알코올 의존
의지04	를 하다
의지06	가 강하다
이기적	이기적인 성격
이념	교육 이념
이달	이달 말
이동	장소 이동
이력	이 남다
★ 이론	을 세우다
이민	을 가다
이상적	이상적 방법
이성02	이성 친구
이성08	을 잃다
이외	관계자 이외
★ 이익	이 남다
이자	가 비싸다
이전	주소 이전
★ 인격	이 훌륭하다
★ 인공	인공 호수
인구	가 증가하다
인도	로 걷다
인력	을 양성하다
★ 인류	인류 공동체
인물	이 좋다
인상01	을 펴다
인상03	요금 인상
인상06	에 남다

어휘	길잡이 말
인상적	인상적 작품
인식	이 강하다
인심	이 변하다
인연	을 맺다
인용	간접 인용
인원	을 점검하다
인재	를 기르다
인정03	이 넘치다
인정07	을 받다
인체	를 해부하다
인하	가격 인하
일교차	가 크다
일대	서울 일대
일등	일등 신랑
일반	일반 국민
일반인	일반인 대상
★ 일반적	일반적 생각
일부분	에 속하다
일상	에 만족하다
★ 일상생활	에서 사용하다
일상적	일상적 모습
일생	을 살다
일석이조	일석이조의 효과
일손	이 부족하다
일시	모임 일시
일시불	로 내다
일시적	일시적 감정
일정01	일정 기준
일정03	을 짜다
일정표	가 바뀌다
일종	일종의 자유
일체	일체 금지하다

어휘	길잡이 말
일출	을 보다
일치	의견 일치
일행	과 헤어지다
일회용품	을 사용하다
★ 임금	을 올리다
임무	를 맡기다
임시	로 맡다
입자	가 곱다
입장	을 바꾸다
ㅈ	
자격	보호자 자격
자부심	을 느끼다
자세	를 바로잡다
자신	이 있다
자신감	이 넘치다
자연적	자연적 환경
자연환경	을 보호하다
★ 자원	이 부족하다
자존심	을 지키다
자취	자취 생활
자판	을 두들기다
작용	불리한 작용
장기간	장기간 머물다
★ 장기적	장기적 목표
장마철	이 다가오다
장면	을 목격하다
장수	장수 마을
장식	을 달다
장애	가 되다
★ 장애인	장애인 복지
적성	에 맞다
전개	이야기 전개 과정

어휘	길잡이 말
전망	이 좋다
전문	전문 분야
★ 전문가	를 초빙하다
전통	을 잇다
전통적	전통적 방식
전후	전후 사정
절대	절대 안정
절대적	절대적 신뢰
절망	에 빠지다
절반	절반 이상
절약	시간 절약
절차	수속 절차
★ 점검	을 받다
★ 점묘법	으로 그리다
점차	점차 좋아지다
접근	을 막다
접속	을 끊다
접수	원서 접수
★ 접촉	을 피하다
정	이 들다
정기	정기 휴일
정기적	정기적 모임
정답	을 고르다
정면	을 향하다
정반대	가 되다
정보	를 수집하다
★ 정보화	정보화 사회
정상	정상 수업
정상적	정상적 생활
정성	을 다하다
정신적	정신적 여유
정원	정원 미달

어휘	길잡이 말
정의	를 내리다
정지	운행 정지
정직	을 추구하다
★ 정착	정착 생활
정책	정책 수립
정치	정치 활동
정치인	이 되다
정치적	정치적 대립
제거	냄새 제거
제공	자료 제공
제도	결혼 제도
제때	를 놓치다
제시	의견 제시
제시간	에 맞추다
★ 제안	을 받다
제약	이 많다
제외	제외 대상
제자	스승과 제자
제자리	에 꽂다
제작	음반 제작
제출	보고서 제출
★ 제품	가죽 제품
제한	나이 제한
조각	이 나다
조건	성공 조건
조기	조기 달성
★ 조절	컨디션 조절
조정	시간 조정
조화	를 이루다
존경	을 받다
존재	를 인정하다
존중	인권 존중

어휘	길잡이 말
졸음	이 쏟아지다
주간	주간 계획
주관적	주관적 생각
주식	에 투자하다
★ 주요	주요 인물
주의	를 시키다
중단	운행 중단
중독	을 일으키다
중반	에 들어서다
증가	인구 증가
증거	를 찾다
증명	을 하다
증명서	를 발급하다
증상	감기 증상
증세	가 악화되다
지각	이 들다
★ 지급	이자 지급
지능	이 높다
지표	를 제시하다
진열	진열 상품
집중	시선 집중
★ 집중적	집중적 수사
ㅊ	
채택	답변 채택
책임	을 지다
책임감	이 강하다
책임자	를 처벌하다
처리	사고 처리
처방	을 내리다
처벌	을 받다
천재	천재 시인
체계	가 잡히다

어휘	길잡이 말
체력	을 단련하다
체면	이 깎이다
★ 체온	이 떨어지다
체험	간접 체험
★ 최대한	최대한의 노력
최선	을 다하다
최소	최소 범위
★ 최소한	으로 유지하다
최적	최적의 환경
최첨단	최첨단 시설
최후	최후의 선택
출원	저작권 출원
충격	을 받다
친화력	친화력이 좋다
침묵	을 깨다
ㅌ	
타인	을 의식하다
탐방	에 참여하다
통계	를 분석하다
퇴직	퇴직 연금
투자	를 유치하다
투표	찬반 투표
★ 특기	취미와 특기
★ 특성	을 살리다
★ 특수	특수 부대
특수성	지역적 특수성
★ 특정	특정 집단
★ 특허	를 내다
ㅍ	
★ 파괴	환경 파괴
★ 편견	을 버리다
편식	이 심하다

어휘	길잡이 말
편의	를 봐주다
평	이 좋다
평가	를 받다
★ 평균	평균 성적
★ 평상시	와 같다
★ 평화	를 지키다
폐기물	폐기물 처리
폐렴	에 걸리다
★ 폐지	제도의 폐지
포기	중도 포기
포장지	로 싸다
★ 포함	세금 포함
폭발	감정 폭발
폭설	이 내리다
폭우	가 내리다
폭포	를 구경하다
표면	이 거칠다
표시	가격 표시
표준	표준 시간
표지판	을 세우다
품목	수출 품목
품질	이 뛰어나다
풍속	세시 풍속
풍습	을 지키다
피서	를 즐기다
필수	필수 조건
★ 필수적	필수적 과정
ㅎ	
하락	점수 하락
★ 한계	를 넘다
한때	를 보내다
한숨	을 쉬다

어휘	길잡이 말		어휘	길잡이 말
한쪽	으로 기울어지다		협동심	을 기르다
한참	을 기다리다		협력	경제 협력
한창	한창 붐비다		협조	를 요청하다
할부	할부 기간		★ 형성	가치관 형성
합격	면접 합격		★ 형식	을 갖추다
합계	를 내다		★ 형태	를 그리다
합리적	합리적 방법		형편	을 잘 알다
합의	를 보다		혜택	을 누리다
항의	항의 전화		호감	을 느끼다
해	를 끼치다		★ 호기심	이 강하다
해결	문제 해결		호르몬	이 분비되다
★ 해결책	을 마련하다		호흡	이 멎다
해방	이 되다		혼합	혼합 물질
해소	스트레스 해소		홍보	신제품 홍보
핵심	핵심 세력		홍수	가 나다
행사	를 치르다		화제	를 바꾸다
행위	불법 행위		화폐	전자 화폐
★ 행정	행정 기관		확대	영토를 확대하다
향	을 피우다		★ 확보	인력 확보
향기	를 맡다		★ 확산	을 막다
향상	기술 향상		★ 확신	이 서다
★ 허가	를 받다		★ 확장	확장 공사
허기	가 지다		홧김	에 소리를 지르다
★ 허용	입학 허용		환경	자연 환경
혁명	계급 혁명		환불	요금 환불
★ 현상	이 나타나다		환상	이 깨지다
★ 현실	에 만족하다		환상적	환상적 소설
현실성	현실성이 없다		환율	이 오르다
현실적	현실적 조언		활기	를 띠다
현지	현지 가이드		활동	이 어렵다
혈관	혈관 질환		활동적	활동적인 복장
혈액	혈액 검사		회담	을 열다

어휘	길잡이 말
★ 회복	원기 회복
회비	를 내다
효과	가 있다
효과적	효과적 사용
효율적	효율적 방법
후반	에 들어서다
★ 후보	대통령 후보
후원자	재정 후원자
★ 후회	가 되다
훈련	을 마치다
휴가철	을 보내다

2. 부사

어휘	길잡이 말		어휘	길잡이 말
ㄱ			**ㄴ**	
가까이	가까이 다가오다		나란히	나란히 걷다
가만	가만 생각하다		**ㄷ**	
가만히	가만히 두다		다만	다만 ~뿐이다
간혹	간혹 생기다		★ 다행히	다행히 찾다
갈수록	갈수록 더하다		★ 단순히	단순히 생각하다
감히	감히 대들다		★ 단지	단지 ~만으로
★ 게다가	게다가 ~까지		대단히	대단히 좋다
★ 겨우	겨우 완성하다		★ 대체로	대체로 그러하다
★ 결코	결코 울지 않다		더구나	더구나 덥기까지 하구나
★ 곧바로	곧바로 처리하다		도대체	도대체 어떤 것인가?
곧잘	곧잘 하다		도무지	도무지 알 수 없는 노릇이다
곧장	곧장 가다		도저히	도저히 안 되다
과연	과연 대단하다		되도록	되도록 빨리
그나마	그나마 낫다		딱	딱 알맞다
★ 그다지	그다지 좋지 않다		때로	때로 실수하다
그럭저럭	그럭저럭 견디다		때마침	때마침 만나다
그런대로	그런대로 괜찮다		★ 또한	나 또한
그만큼	그만큼 남다		뜻밖에	뜻밖에 나타나다
그야말로	그야말로 최고다		**ㅁ**	
그토록	그토록 아름답다		마냥	마냥 기다리다
극히	극히 드물다		마땅히	마땅히 해야 하다
급격히	급격히 감소하다		마음껏	마음껏 쓰다
★ 급속히	급속히 진행되다		마음대로	마음대로 되다
급히	급히 먹다		마주	마주 서다
꼼꼼히	꼼꼼히 살피다		마치	마치 천사 같다
★ 꼼짝	꼼짝 못하다		마침	마침 잘 왔다
꽤	꽤 멀다		막	막 출발하다
★ 꾸준히	꾸준히 노력하다		막상	막상 보니까
★ 끊임없이	끊임없이 이어지다			

어휘	길잡이 말
명확히	명확히 맑히다
무려	무려 20배이다
무사히	무사히 돌아오다
미처	미처 모르다
및	설계 및 시공
ㅂ	
비교적	비교적 가깝다
비록	비록 가난하지만
ㅅ	
★ 서서히	서서히 나타나다
수시로	수시로 열다
실제	실제 모습
★ 실제로	실제로 일어나다
실컷	실컷 놀다
심지어	심지어 ~까지도
ㅇ	
아무튼	아무튼 다행이다
★ 아예	아예 안 하다
어느새	어느새 다 자라다
어쩌다	어쩌다 만나다
어찌나	어찌나 귀여운지
어차피	어차피 안 되다
★ 여간	여간 ~이 아니다
여전히	여전히 그대로
★ 예컨대	과일, 예컨대 사과, 배, 포도…
오래도록	오래도록 간직하다
오직	오직 공부만 하다
★ 오히려	오히려 화를 내다
우연히	우연히 발견하다
일단	일단 가 보자
일일이	일일이 검사하다

어휘	길잡이 말
일찍이	일찍이 나서다
ㅈ	
자꾸만	자꾸만 귀찮게 하다
자연히	자연히 없어지다
재빨리	재빨리 도망치다
저리	저리 가라
★ 저절로	저절로 알게 되다
적당히	적당히 마시다
★ 적어도	적어도 일주일
절대로	절대로 아니다
정확히	정확히 계산하다
제대로	제대로 갖추다
제법	제법 잘하다
★ 좀처럼	좀처럼 안 되다
줄곧	줄곧 생각하다
즉	즉, 다시 말해서
지금껏	지금껏 모르다
쭉	줄을 쭉 긋다
ㅊ	
★ 차라리	차라리 모르는 게 낫다
차차	차차 좋아지다
★ 철저히	철저히 예방하다
ㅌ	
텅	텅 비다
통	통 말이 없다
틈틈이	틈틈이 하다
ㅎ	
★ 하여튼	하여튼 나는 괜찮다
★ 함부로	함부로 말하다
★ 혹은	사랑 혹은 우정
흔히	흔히 듣다

3. 동사

길잡이 말	어휘
ㄱ	
시비를	가리다
이대로	가만있다
물건을	가져다주다
얼굴을	감싸다
모습을	감추다
시설을	★ 갖추다
날이	개다
빨래를	★ 거두다
일을	거들다
제안을	거부하다
물건을	건드리다
거리를	걷다02
빨래를	걷다03
구름 위에	걸치다
말하기가	겁나다
고통을	견디다
행운이	겹치다
어려움을	겪다
사회에	공헌하다
허리를	구부리다
일자리를	구하다01
목숨을	구하다03
밥을	굶다
허리를	굽히다
출입을	금하다
줄을	긋다
몸을	★ 기울이다
손가락을	꼽다
다섯 손가락 안에	꼽히다

길잡이 말	어휘
돈을	꾸다
외모를	꾸미다
무릎을	꿇다
신발을	끌다
바지가	★ 끌리다
의자를	끌어당기다
소름이	끼치다01
걱정을	★ 끼치다02
ㄴ	
이삿짐을	나르다
모습을	나타내다
온도를	낮추다
밖으로	내놓다
창밖을	내다보다
책을	내려놓다
아래를	내려다보다
소리를	내지르다
마음이	★ 놓이다
손을	놓치다
탁자 위에	놔두다
편안하게	눈감다
규모를	★ 늘리다
사람이	늘어나다
변명을	늘어놓다
차가	늘어서다
고무줄을	늘이다
시기를	늦추다
ㄷ	
업무를	★ 다루다
옷을	다리다
입을	다물다

길잡이 말	어휘
아이들이	다투다
창문이	닫히다
장소가	달라지다
얼굴을	대하다
마음이	돌아서다
시간을	되돌리다
집으로	되돌아가다
편지가	되돌아오다
입맛이	되살아나다
기억을	★ 되찾다
이마가	★ 두드러지다
문을	두드리다
미래를	두려워하다
목도리를	두르다
주위를	두리번거리다
주위를	둘러보다
포장지를	둘러싸다
앞사람을	뒤따르다
사실이	드러나다
소식이	들려오다
음악을	들려주다
감기에	들리다01
짐이	들리다04
집에	들어서다
부탁을	들어주다
방 안을	들여다보다
뒤를	따라오다
이유를	따지다
바닥에	떨어뜨리다
스티커를	떼다
ㅁ	
굳게	★ 마음먹다

길잡이 말	어휘
손바닥을	★ 마주치다
귀를	막다
신문을	말다01
국에 밥을	말다02
싸움을	말리다02
빨래를	말리다03
자전거가	망가지다
잠시	★ 망설이다
일을	★ 망치다
회사가	망하다
손님을	맞다02
주사를	맞다03
적과	맞서다
새해를	맞이하다
정답을	맞히다
수리를	맡기다
업무를	맡다01
냄새를	맡다02
문에	매달다
철봉에	매달리다
땀방울이	맺다
열매가	맺히다
호텔에서	★ 머무르다
휴게소에	머물다
말을	★ 머뭇거리다
겨우	먹고살다
밥을	먹이다
양이 늑대에게	먹히다
친구와	멀어지다
성벽을	무너뜨리다
뒤로	물러나다
뒤로	물러서다

길잡이 말	어휘
개에	물리다
눈을	뭉치다
내일로	★ 미루다
영향을	미치다
차가	밀리다01
사람들에게	밀리다02

ㅂ	
집에	바래다주다
자세를	★ 바로잡다
친구를	반기다
눈빛이	반짝이다
첫눈에	반하다
기술을	★ 받아들이다
원인을	★ 밝혀내다
전등을	밝히다
브레이크를	밟다
밤새도록 일하다	밤새다
밤새워 공부하다	밤새우다
소동이	벌어지다
일을	★ 벌이다
옷을	벗기다
시내를	벗어나다
연회를	★ 베풀다
늙고	병들다
아이들을	★ 보살피다
어른을	뵈다
아이가	부끄러워하다
손바닥을	★ 부딪치다
차에	★ 부딪히다
성공을	★ 부러워하다
사람들로	★ 붐비다
얼굴이	★ 붓다01

길잡이 말	어휘
물을	붓다02
치맛자락을	붙잡다
범인이	★ 붙잡히다
동점으로	비기다
경험에서	★ 비롯되다
비롯한 일	★ 비롯하다
눈을	비비다
그릇을	비우다
남의 의견을	비웃다
달빛이	비추다
햇빛이	비치다
자리를	비키다
비틀거리며 걷다	비틀거리다
비할 수 없다	★ 비하다
소원을	빌다
머리를	빗다
도자기를	빚다
별이	빛나다
바다에	빠뜨리다
몰래	빠져나오다
앞니가	빠지다
물에	빠트리다
얼굴이	빨개지다
빨대로	빨다
전구를	빼놓다
재산을	빼앗기다

ㅅ	
유유히	사라지다
마음을	★ 사로잡다
목숨을	살리다
하루하루	살아가다
겨우	살아나다

길잡이 말	어휘	길잡이 말	어휘
전쟁에서	살아남다	감기를	앓다
간신히	★ 살아오다	시험을	앞두다
주위를	★ 살펴보다	반장을	앞세우다
흔적을	살피다	변화에	앞장서다
음식이	★ 상하다	문제를	★ 야기하다
도장을	새기다	도우려고	애쓰다
비가	새다01	뼈가	어긋나다
날이	새다02	약속을	어기다
밤을	새우다	선생님께	여쭈다
문제가	★ 생겨나다	제안에	응답하다
수를	세다	단체를	이끌다
크게	소리치다	꿈을	★ 이루다
사업가로	소문나다	소원이	이루어지다
거짓말에	속다	성장을	이룩하다
친구를	★ 속이다	목적지에	★ 이르다
모임에	★ 속하다	잘못을	일깨우다
물가가	솟다	기술을	익히다
고개를	숙이다	그로 인하여	★ 인하다
사실을	★ 숨기다	책이	읽히다01
산속으로	숨다	책을	읽히다02
책들이	쌓이다	옷을	입히다
물이	쏟아지다	ㅈ	
바람을	쐬다	문을	잡아당기다
몸이	쑤시다	무게를	재다
모자를	씌우다	아이를	재우다
ㅇ		떠들고	다니다
아기가	안기다	실수를	★ 저지르다
죽음을	★ 안타까워하다	발전을	저해하다
자리에	앉히다	사람이	적어지다
사실이	★ 알려지다	숫자가	적히다
사실을	알아내다	겨울에	접어들다
말귀를	알아듣다	소식을	★ 접하다

길잡이 말	어휘
커피를	젓다
사 달라고	조르다
졸려서 자다	졸리다
길을	좁히다
이야기를	★ 주고받다
돈을	지니다
해가	지다02
배낭을	지다05
몸이	지치다
몰래	★ 지켜보다
손가락으로	집다
치약을	짜다
집에서	★ 쫓겨나다
경찰에게	쫓기다
얼굴을	찡그리다
종이를	찢다
ㅊ	
도움을	★ 청하다
사업을	추진하다
값을	치르다
물건들을	★ 치우다
한쪽으로	치우치다
ㅋ	
문제가	커지다
ㅌ	
재능을	타고나다
월급을	타다
불꽃이	타오르다
불에	태우다01
차에	태우다02
직업으로	★ 택하다
옷을	털다

길잡이 말	어휘
바람이	통하다
ㅍ	
땅을	파다
책을	펴내다
길이	펼쳐지다
아기를	품다
냄새를	★ 풍기다
책임을	★ 피하다
ㅎ	
범위를	한정하다
하나로	★ 합치다
힘을	★ 합하다
힘든 일을	★ 해내다
집으로	★ 향하다
길에서	헤매다
물에서	헤엄치다
동생을	혼내다
물건을	훔치다
문화재를	훼손하다
배가	흔들리다
빗물이	흘러내리다
사방으로	★ 흩어지다
옆을	힐끔거리다
학업에	★ 힘쓰다

4. 형용사

길잡이 말	어휘	길잡이 말	어휘
ㄱ		태도가	당당하다
몸이	가렵다	냄새가	독하다
디자인이	간결하다	얼굴이	동그랗다
옷차림이	간소하다	후환이	두렵다
간절한 기도	간절하다	뒤늦게 깨닫다	뒤늦다
사용이	간편하다	그런 사람이	★ 드물다
갑작스러운 일	★ 갑작스럽다	마음이	든든하다
고통스러운 표정	고통스럽다	의자가	딱딱하다
공손한 태도	공손하다	뚜렷한 특징	★ 뚜렷하다
생각이	기발하다	솜씨가	뛰어나다
조건이	★ 까다롭다	**ㅁ**	
사람을	★ 꺼리다	앞날이	★ 막연하다
꼼꼼하게 살펴보다	★ 꼼꼼하다	상대가	★ 만만하다
꾸준하게 노력하다	꾸준하다	결과가	★ 만족스럽다
끊임없는 노력	★ 끊임없다	승리가	머지않다
욕심이	★ 끝없다	팔다리가	멀쩡하다
ㄴ		근거가	명확하다
입장이	난처하다	설명이	모호하다
옷이	낡다	전문가 못지않다	못지않다
얼굴이	낯설다	사건과	무관하다
성격이	냉정하다	날씨가	무덥다
시간이	넉넉하다	표정이	무뚝뚝하다
조명이	눈부시다	국물이	미지근하다
마음이	★ 느긋하다	**ㅂ**	
솜씨가	능숙하다	자세가	★ 바람직하다
ㄷ		거리가	번화하다
전과	★ 다름없다	성격이	변덕스럽다
다행스럽게 여기다	★ 다행스럽다	별다른 방법	별다르다
옷차림이	단정하다	선택이	★ 불가피하다
생활이	단조롭다	**ㅅ**	
심정이	담담하다	문제가	★ 사소하다

길잡이 말	어휘
실력이	★ 상당하다
마음이	★ 상쾌하다
기분이	★ 색다르다
기억이	★ 생생하다
밤공기가	서늘하다
신세가	서럽다
마음이	서운하다
농사일에	★ 서투르다
운전에	★ 서툴다
옷차림이	세련되다
맡은 일에	소홀하다
손쉽게 끝내다	★ 손쉽다
성격이	★ 솔직하다
어린아이처럼	순진하다
사람이	순하다
공기가	습하다
물건이	쓸데없다
ㅇ	
아무렇든 상관없다	아무렇다
생각이	★ 어리석다
벌을 받기가	억울하다
대답이	엉뚱하다
시간이	여유롭다
생각이	★ 올바르다
표정이	우습다
관계가	원만하다
성적이	웬만하다
업적이	위대하다
영어가	★ 유창하다
삶이	윤택하다
건강에	★ 이롭다

길잡이 말	어휘
ㅈ	
자식이	★ 자랑스럽다
비용이	★ 저렴하다
상황이	★ 적절하다
말투가	점잖다
얼굴이	조그맣다
욕심이	★ 지나치다
마음을	진정하다
태도가	★ 진지하다
색깔이	짙다
ㅋ	
공기가	★ 쾌적하다
ㅌ	
물이	탁하다
몸매가	통통하다
말투가	퉁명스럽다
ㅍ	
범위가	폭넓다
감정이	★ 풍부하다
ㅎ	
건강에	★ 해롭다
길이	험하다
날씨가	화창하다
교류가	★ 활발하다
희귀한 보석	희귀하다
기억이	희미하다
희한한 일	희한하다

정치

1. 명사

어휘	길잡이 말
갈등	이 심각하다
★ 개정	법령 개정
공무원	으로 일하다
★ 공약	을 내세우다
구축	을 하다
국가	국가의 의무
국경일	에 쉬다
당선	이 되다
대응	을 하다
동원	이 되다
★ 방안	을 마련하다
배정	을 하다
벌금	을 내다
★ 선거	에 참여하다
수사	를 실시하다
신고	를 하다
★ 여론	을 살피다
★ 위반	하다
유세	가 열리다
정상회담	이 개최되다
정책	을 수립하다
투표	를 하다
활성화	시키다

2. 동사

길잡이 말	어휘
법으로	★ 규제하다
미래를	내다보다
의견을	내세우다
위원들이	다투다
방안을	모색하다
문제를	★ 바로잡다
문제를	밝혀내다
소동이	벌어지다
크게	소리치다
정책을	수립하다
법을	시행하다
교육을	★ 실시하다
자리에	앉히다
사실이	★ 알려지다
사실을	알아내다
장애인 고용을	★ 의무화하다
성장을	★ 이룩하다
이야기를	주고받다
학비를	★ 책임지다
안건이	통과되다
책임을	★ 피하다
침략을	합리화하다
하나로	합치다

▌경제

1. 명사

어휘	길잡이 말
가격	이 상승하다
★ 각광	을 받다
감소	가 되다
★ 감축	이 되다
개설	을 하다
고용	이 되다
공급	이 부족하다
공기업	에서 근무하다
급락	주가 급락
★ 기부	를 하다
★ 기술	을 향상시키다
대량	으로 판매하다
매매	가 활발하다
★ 매장	을 열다
민간	에서 실시하다
발행	을 하다
부동산	을 소유하다
상장	이 되다
세금	을 걷다
소비	를 하다
★ 수수료	를 받다
★ 수익	이 나다
★ 수출	을 하다
★ 승진	을 하다
신제품	을 출시하다
악화	가 되다
업계	가 긴장하다
예산	을 삭감하다
★ 우대	를 해 주다

어휘	길잡이 말
인증	을 받다
제조	를 하다
주택	을 구입하다
지수	가 높다
최대	를 기록하다
최소	최소 범위
★ 출시	를 하다
★ 취업	에 성공하다
★ 투자	를 유치하다
★ 특허	를 획득하다
혁신	이 필요하다
협약	을 맺다
환불	을 신청하다

2. 동사

길잡이 말	어휘
세금을	★ 납부하다
기록을	돌파하다
투자를	★ 유치하다
인재를	육성하다
기업을	★ 인수하다
중소기업을	★ 지원하다

▌사회

1. 명사

어휘	길잡이 말
격려	를 시키다
★ 결정	을 내리다
관계	를 맺다
교체	를 하다
국제	국제 정세
★ 기승	을 부리다
★ 단속	에 걸리다
미달	이 되다
★ 분야	에서 두각을 드러내다
사고	가 나다
사회	가 변화하다
선발	이 되다
손해	를 입다
심사	를 통과하다
★ 우려	가 되다
★ 인기	를 끌다
★ 임금	이 오르다
입국	을 하다
자격	을 갖추다
지역	지역적 특성
창출	해 내다
★ 촉구	를 하다
★ 침해	인권 침해
평균	을 넘다
폐해	가 있다
★ 현황	을 파악하다
★ 확산	이 되다
★ 확장	을 하다
확정	이 되다

2. 동사

길잡이 말	어휘
감옥에	갇히다
시설을	갖추다
행사를	★ 개최하다
지원을	거부하다
고통을	겪다
실수를	★ 나무라다
시기를	★ 놓치다
주의 사항을	당부하다
대열에서	뒤떨어지다
사실이	드러나다
잠시	★ 망설이다
책임을	★ 면하다
위기를	모면하다
영향을	★ 미치다
의견을	★ 비난하다
문제점을	★ 비판하다
개선을	★ 요구하다
사건의 원인을	★ 조사하다
범인이	출현하다
결과를	평가하다
그 문제를	합의하다

의학 / 건강

1. 명사

어휘	길잡이 말
감염	이 되다
고혈압	증상이 있다
★ 관리	를 하다
★ 교정	이 필요하다
급성	급성 맹장염
★ 노화	가 시작되다
당뇨	가 있다
만성	만성 기관지염
★ 면역력	이 약하다
★ 무더위	가 찾아오다
부상	을 당하다
★ 부작용	이 심하다
비만	은 심각한 문제이다
성인병	에 유의하다
손상	을 입다
스트레스	를 받다 / 를 풀다 / 가 쌓이다
시술	을 받다
식습관	을 고치다 / 을 개선하다
식이요법	을 철저하게 지키다
★ 유전자	의 영향을 받다
★ 유전적	으로 나타나는 현상이다
이상고온	이 계속되다
장기	를 기증하다
재발	을 막다
주름	이 많아지다
★ 증진	이 되다
체념	을 하다

어휘	길잡이 말
치료	를 하다 / 를 받다
현상	이 나타나다
후유증	이 심각하다

2. 동사

길잡이 말	어휘
노력이	★ 꾸준하다
기술이	발달하다
약을	★ 복용하다
얼굴이	빨개지다
발목을	★ 삐다
몸이	★ 살찌다
음식이	상하다
영양분을	섭취하다
감기를	앓다
상태가	양호하다
뼈가	어긋나다
질병을	★ 예방하다
건강을	위협하다
암을	유발하다
장기를	★ 이식하다
얼굴을	★ 찡그리다
병이	전염되다
효능이	탁월하다
음식을	토하다
건강(몸)에	★ 해롭다
건강(몸)이	회복되다

▌과학

1. 명사

어휘	길잡이 말
결실	을 맺다
고부가가치	를 창출하다
과학	을 연구하다
관련	이 있다
★ 네트워크	를 형성하다
★ 논리	에 맞다
면적	이 넓다
발병	이 되다
★ 벤처기업	을 지원하다
보존	보존 상태
상대방	을 배려하다
생성	이 되다
섭씨	섭씨 영도
실마리	를 찾다
★ 실험	을 하다
아이디어	가 떠오르다
압력	이 높다
역부족	임을 깨닫다
우주	우주 만물
원리	를 발견하다
일교차	가 크다
전기	를 사용하다
창의성	을 개발하다
천재	천재 과학자
최신	최신 기술
통신비	를 줄이다 / 가 줄어들다
효능	이 높다

2. 동사

길잡이 말	어휘
현상을 / 대상을	관찰하다
시스템을 / 체계를	구축하다
위기를	극복하다
모습을	나타내다
온도를	낮추다
얼음을	녹이다
뚜껑이	덮이다
생명을	되살리다
냄새를	맡다
원리를	★ 발견하다
제품을	★ 발명하다
몰라보게	변하다
물을	붓다
빨대로	빨다
약품을	뿌리다
침을	★ 삼키다
그 결과가	신기하다
비에	씻기다
난로 위에	올려놓다
두 분야의 이론을	★ 융합하다
해가	지다
기술이	진화하다
~일 것으로	추정하다
로켓을	★ 추진하다
불꽃이	타오르다
화산이	★ 폭발하다
사방으로	★ 흩어지다

03 | 관용구 / 속담·의성어 / 의태어

1. 관용구 / 속담

관용구 / 속담	의미
가슴이 벅차다	좋은 일이나 기대되는 일이 있어 설레고 기대가 된다
귀를 기울이다	남의 이야기나 의견에 관심을 가지고 신경을 쓴다
눈에 띄다	특이하거나 특별해서 두드러지게 드러난다
눈을 돌리다	다른 쪽으로 관심의 방향을 바꾼다
달리는 말에 채찍질	어떤 일을 잘하고 있을 때 더 잘하라고 한다
도랑 치고 가재 잡는다	한 가지 일을 하고 두 가지의 이익을 본다
돌다리도 두들겨 보고 건너라	잘 아는 일이라도 잘 살펴보고 확인해야 한다
등을 돌리다	마음을 같이하던 사람이나 단체와 관계를 끊었다
떡 본 김에 제사 지낸다	우연히 좋은 기회가 왔을 때 하려던 일을 한다
마음을 먹다	무언가를 하기로 결심했다
말도 안 되다	어떤 일이 실현될 가능성이 전혀 없다
한마디 말로 천 냥 빚도 갚는다	말만 잘하면 어려운 일이나 가능하지 않다고 생각되는 일도 해결할 수 있다
머리를 맞대다	어떤 일을 의논하거나 결정하기 위해 생각을 모은다
물불을 가리지 않다	위험이나 곤란한 것 등을 고려하지 않고 어떤 행동을 해 버린다
발 벗고 나서다	어떤 일을 돕거나 해결하기 위해 적극적으로 행동한다
불을 보듯 뻔하다	앞으로 어떤 일이 일어날 가능성이 매우 높다
비 온 뒤에 땅이 굳어진다	어려움을 겪은 뒤에 더 강해지고 단단해진다
손에 잡히다	마음이 차분해져 일할 마음이 생기고 능률이 난다
손을 잡다	서로 힘을 합하여 함께 일한다
수박 겉 핥기	어떤 것의 속 내용은 제대로 모르고 겉만 보고 넘어간다
시치미를 떼다	자기가 하고도 하지 않은 척하거나 알고 있으면서도 모르는 체한다
얼굴이 두껍다	부끄러움을 모른다
울며 겨자 먹기	하기 싫은 것을 억지로 한다
입을 모으다	여러 사람이 같은 생각을 말한다
입이 열 개라도 할 말이 없다	잘못이 명백히 드러나서 변명의 여지가 없다

2. 의성어 / 의태어

의성어 / 의태어	의미
깔깔	크게 소리 내어 웃는 소리
꾸벅꾸벅	머리나 몸을 앞으로 자꾸 많이 숙였다가 드는 모양
꿀꺽	음식 등이 목구멍 등으로 한꺼번에 많이 넘어가는 소리
끄덕	고개 등을 아래위로 거볍게 한 번 움직이는 모양
다닥다닥	자그마한 것들이 한곳에 많이 붙어 있는 모양
대충대충	일이나 행동을 적당히 하는 모양
두근두근	몹시 놀라거나 불안하여 자꾸 가슴이 뛰는 소리 또는 그 모양
뚝	계속되던 것이 갑자기 그치는 모양
보글보글	적은 양의 액체가 잇따라 야단스럽게 끓는 소리 또는 그 모양
슬슬	남이 모르게 슬그머니 행동하는 모양
싹	거침없이 밀거나 쓸거나 비비거나 하는 소리 또는 그 모양
쑥	안으로 깊이 들어가거나 밖으로 불룩하게 내미는 모양
으슬으슬	소름이 끼칠 정도로 매우 차가운 느낌이 계속해서 드는 모양
쨍쨍	햇볕 등이 몹시 내리쬐는 모양
축	물건 등이 아래로 늘어지거나 처진 모양
콜록콜록	감기나 천식 등으로 계속해서 나는 기침 소리
팔랑팔랑	나뭇잎이나 나비 등이 가볍게 계속 날아다니는 모양
퐁당퐁당	작고 단단한 물건이 물에 떨어지거나 빠질 때 가볍게 나는 소리
푹	힘 있게 깊이 찌르거나 쑤시는 모양
허둥지둥	급하게 서두르는 모양
확	바람, 냄새 또는 어떤 기운 등이 갑자기 세지는 모양
후다닥	갑자기 빠른 동작으로 뛰거나 몸을 움직이는 모양

Ⅱ. 문법 / 문장

01 | 필수 문법 / 문장

1. 순서

문법	활용 / 예문
-기 무섭게	어떤 일이 끝나고 바로 다음 일을 할 때. ⑩ • 그 사람은 내 얼굴을 보기 무섭게 화를 냈다. • 수업이 끝나기 무섭게 친구들을 만나 식당에 갔다.
-고서	선행절의 행동이 끝나고 후행절의 행동이나 상태가 나타날 때. ⑩ 운동을 끝내고서 목욕을 했다.
-고 나서야	• 선행절의 행동이 끝나고 나서 후행절의 일이 일어날 수 있을 때. • 반어적 의문문으로 사용할 때. ⑩ • 과제를 다 마치고 나서야 편안한 마음으로 잠들 수 있었다. • 내 친구는 주문한 치킨을 한 조각도 남김없이 먹고 나서야 집에 갔다.
-았/었더니	• 어떤 행동을 한 후에 새롭게 알게 된 사실을 나타낼 때. • 어떤 일을 한 후에 나타난 결과에 대해 말할 때. ⑩ 문을 열었더니 선생님이 서 있어서 깜짝 놀랐다.
-자마자	선행절의 행동을 한 다음에 바로 후행절의 행동을 할 때. ⑩ 너무 피곤해서 씻자마자 잤다.

2. 대조

문법	활용 / 예문
-건만	후행절에 선행절의 사실과 상반되는 내용이 올 때. ⑩ 그 사람은 어른이건만 어린아이처럼 행동을 해요.
-ㄴ 반면(에)	선행절의 내용이 후행절의 내용과 상반될 때. ⑩ • 백화점은 품질이 좋은 반면 가격이 비싸요. • 봄에는 날씨가 따뜻한 반면 겨울에는 날씨가 춥다.
-더니	• 선행절과 후행절의 내용이 상반될 때. • 다른 사람이 한 일과 그것 때문에 생긴 결과를 나타낼 때. ⑩ • 미셸은 매운 음식을 하나도 못 먹더니 이젠 잘 먹네요. • 작년 겨울에는 눈이 별로 안 오더니 올해는 많이 오네요.
-으면서	선행절의 행동이나 상태와 상반되는 내용이 후행절에 올 때. ⑩ 친구는 잘못을 했으면서 끝까지 사과하지 않았어요.

3. 이유

문법	활용 / 예문
-기에	선행절이 후행절의 근거나 이유가 될 때. ⑩ 아침에 일어났더니 열이 나기에 약을 먹었어요.
- ㄴ 덕분에 (+ 긍정 후행절)	선행절 때문에 후행절에 좋은 결과가 올 때. ⑩ 걱정해 주신 덕분에 시험을 잘 보고 왔어요.
- ㄴ 바람에 (+ 부정 후행절)	선행절이 후행절에 부정적인 영향을 끼친 이유를 나타낼 때. ⑩ • 휴대폰을 잃어버리는 바람에 전화할 수가 없었어요. • 컴퓨터 게임을 너무 오래 하는 바람에 눈이 나빠졌어요.
- ㄴ 탓에	선행절 때문에 후행절에 안 좋은 결과가 올 때. ⑩ • 생산량이 급증한 탓에 주말에도 쉬지 않고 야근을 했다. • 눈이 많이 온 탓에 비행기가 아직 출발을 못하고 있대요.
- ㄴ 통에	선행절 때문에 후행절에 안 좋은 결과가 올 때. ⑩ • 비가 오는 통에 여행을 갈 수 없다. • 갑자기 비가 오는 통에 옷이 모두 젖었네요.
-(아/어)서 그런지	선행절이 후행절의 이유일 거라고 추측할 때. ⑩ • 휴가철이라 그런지 거리는 한산한 모습이다. • 비가 많이 와서 그런지 백화점에 사람이 별로 없네요.
-으로 인해(서)	선행절 때문에 후행절의 결과가 나올 때. ⑩ 환경 오염으로 인해서 여러 가지 문제가 생기고 있다.
하도 -(아/어)서	어떤 행동이나 상태의 아주 심한 것이 후행절의 이유가 될 때. ⑩ 하도 많이 먹어서 더 이상 못 먹겠어요. 정말 배불러요.

4. 계획(결심 약속 의도)

문법	활용 / 예문
-려던 참이다	가까운 미래의 일을 계획할 때. ⑩ • 지금 막 출발하려던 참이었어요. • 어차피 지금 막 떠나려는 참이다.
- ㄴ 다는 것이	어떤 일을 하려고 했는데 원래 의도와 다른 결과가 나왔을 때. ⑩ • 더 이상은 기다릴 수 없다는 것이 우리의 결론이다. • 엄마에게 전화한다는 것이 번호를 잘못 눌러서 모르는 사람에게 전화를 걸었다.
-ㄹ까 하다	말하는 사람의 약한 의도나 쉽게 바꿀 수 있는 막연한 계획을 말할 때. ⑩ • 바쁜 일이 마무리되면 먼 곳으로 여행을 떠날까 합니다. • 이번 주말에 특별한 계획은 없고 친구들이랑 영화나 볼까 해요.

5. 기회

문법	활용 / 예문
-ㄴ 김에	어떤 행동을 하는 기회에 후행절의 일을 한다는 의미. 예 • 우체국 가는 김에 내 편지도 좀 부쳐 줘. • 세탁소에 옷을 맡기는 김에 신발도 맡겼어요.
-는 길에	• 가거나 오는 도중에. • 가거나 오는 상황을 기회로 해서. 예 집에 오는 길에 편의점에 들러서 과자를 샀어요.
-(이)야말로	여러 가지 중에서 어떤 것이 가장 대표적이라는 것을 강조할 때. 예 • 통일이야말로 우리에게 주어진 최대의 과업이지. • 제주도야말로 한국에서 가장 아름다운 관광지라고 할 수 있어요.
-조차	일반적으로 당연하거나 쉽다고 기대하는 것이 기대와 다른 상황일 때. 예 목이 너무 아파서 침조차 삼키기 힘들어요.

6. 반복

문법	활용 / 예문
-곤 하다	어떤 행동이나 상황이 반복적으로 일어날 때. 예 • 고향 음식을 먹을 때는 어머니가 생각나곤 해요. • 선생님께서는 수업을 시작할 때 학생들에게 질문을 던지곤 한다.
-기 일쑤이다 (부정적인 의미일 때)	어떤 행동이나 상황이 자주 일어날 때. 예 • 그는 중요하고 필요한 자리에선 뒷걸음으로 물러나기 일쑤이다. • 사람들 앞에서 발표를 할 때는 너무 긴장돼서 말을 더듬거리기 일쑤예요.
-아/어 대다	어떤 행동을 계속 반복할 때. 예 • 어젯밤에 옆집 아기가 계속 울어 대서 잠을 하나도 못 잤어요. • 흐엉 씨가 밤낮으로 노래 연습을 해 대더니 드디어 가수가 되었다.

7. 완료

문법	활용 / 예문
-고 말다	어떤 일이 결국 일어났다는 것을 강조할 때. 예 • 뛰어갔는데도 지각하고 말았다. • 우리나라 축구팀이 계속 지다가 마지막에 결국 이기고 말았어요.
-아/어 버리다	어떤 일이 모두 끝난 것을 강조할 때. 예 • 어젯밤에 일을 하다가 씻지도 못하고 잠들어 버렸어요. • 아이를 혼내야 하는데, 너무 귀여워서 그만 웃어 버렸다.

문법	활용 / 예문
-아/어 내다	어떤 일이 어떤 과정을 거쳐 이룬 결과임을 나타낼 때. ⑩ • 어렵고 힘들지만 그 사람은 잘 참아 냈어요. • 그녀는 신체장애라는 어려움을 극복하고 금메달을 따 냈다.

8. 선택 비교

문법	활용 / 예문
-거나	둘 중에 하나를 선택할 때. ⑩ 밥을 먹거나 차를 마시거나 합시다.
-느니	후행절의 상황도 마음에 들지 않지만 선행절보다 낫다고 판단해서 선택할 때. ⑩ 타향에서 고생하느니 고향으로 돌아가자.
-다기보다(는)	선행절이라고 말하는 것보다 후행절이라고 말하는 것이 더 적당하다는 것을 나타낼 때. ⑩ 예쁘다기보다는 귀여운 얼굴이지요.
-ㄴ 대신(에)	• 선행절의 일을 후행절의 일로 바꿀 때. • 선행절의 일 때문에 후행절의 일을 보상으로 받을 때. ⑩ 시간이 없어서 밥을 먹는 대신에 간단하게 빵을 먹었어요.
-든지	어떤 것을 선택하는데 무엇을 선택해도 괜찮을 때. ⑩ 책을 읽든지 영화를 보세요.
-만 하다	정도가 같은 것을 비교할 때. ⑩ 우리 언니 발은 어머니 발만 해요.
-ㄹ 게 아니라	선행절의 행동을 하지 않고 후행절의 행동을 하려고 할 때. ⑩ 요리부터 할 게 아니라 우선 청소부터 해야 할 것 같아요.

9. 기준

문법	활용 / 예문
-에 달려 있다	어떤 것을 결정하는 데에 이것이 가장 중요하다는 것을 나타낼 때. ⑩ 아이의 미래는 교육에 달려 있다.
-에 따라 다르다	어떤 것 때문에 결과가 달라진다는 것을 나타낼 때. ⑩ • 물건의 품질은 가격에 따라 달라요. • 무엇이 바람직한 변화인가를 판단하는 기준은 사람에 따라 다르고 시대에 따라 다르다.

10. 목적

문법	활용 / 예문
-고자	선행절의 의도나 목적을 위해 후행절의 어떤 행동을 할 때. ⑩ 훌륭한 농구 선수가 되고자 밤낮으로 열심히 연습을 했어요.
-ㄹ 겸	선행절과 후행절의 행동이 동시에 목적을 나타낼 때. ⑩ 쇼핑도 할 겸 신촌에 가서 영화를 볼 예정이다.

11. 당위

문법	활용 / 예문
-기 마련이다	어떤 사실이나 상황이 자연스럽고 당연하다는 것을 나타낼 때. ⑩ • 어떤 일을 처음 할 때는 누구나 실수하기 마련이에요. 　• 자신의 일에 책임을 지지 못하면 안 좋은 결과가 뒤따르기 마련이다.
-ㄴ 법이다	일반적으로 그렇게 되는 것이 당연하다는 것을 나타낼 때. ⑩ • 기대가 클수록 실망도 큰 법이지요. 　• 스트레스가 쌓이면 몸에도 이상이 생기는 법이다.

12. 한정

문법	활용 / 예문
-기만 하다	어떤 행동이나 상태가 한 가지만 지속되는 것을 나타낼 때. ⑩ • 너무 속상해서 하루 종일 울기만 했어요. 　• 그는 상대방이 지칠 때까지 같은 얘기를 반복하기만 했다.
-ㄹ 뿐이다	선행절의 사실 이외에 다른 것은 없다는 것을 나타낼 때. ⑩ • 거짓말은 죄를 가중할 뿐이다. 　• 매일 꾸준히 연습했을 뿐이에요.

13. 조건

문법	활용 / 예문
-기만 하면	선행절의 행동이나 상황이 생기면 반드시 후행절의 내용이 나타날 때. ⑩ 저는 우유를 먹기만 하면 배탈이 나서 안 마셔요.
-거든	선행절의 행동이 끝나고 후행절의 행동이나 상태가 나타날 때. ⑩ • 많이 아프거든 병원에 가세요. 　• 지금은 눈이 내리니까 이따 그치거든 나갑시다.

문법	활용 / 예문
-는다면	• 선행절의 행동이 끝나고 나서 후행절의 일이 일어날 수 있을 때. • 반어적 의문문으로 사용할 때. 예 지금부터라도 연습을 열심히 한다면 승리는 문제없을 거예요.
-는 한	어떤 일을 한 후에 나타난 결과를 말할 때. 예 • 생각만 하고 행동하지 않는 한 삶은 달라지지 않는다. • 주말마다 잠만 자는 한, 토픽 시험 합격은 꿈꾸기 어렵습니다.
-다 보면	선행절의 행동을 한 다음에 후행절의 행동을 할 때. 예 아이들이 놀다 보면 싸울 수도 있지요.
-아/어서는 (+부정 후행절)	선행절의 행동 때문에 어떤 일을 할 수 없다고 이야기할 때. 예 이렇게 눈이 많이 와서는 산에 갈 수 없을 것 같아요.

14. 상태 지속

문법	활용 / 예문
-(아/어) 오다	과거 상태가 현재까지 오랜 시간동안 계속 유지되고 있을 때. 예 이 제품을 10년 동안 사용해 왔어요.
-ㄴ 채	어떤 행동을 한 상태가 지속되는 동안 다른 행동이 이루어질 때. 예 어제 문을 열어 놓은 채 잠을 자서 모기에게 물렸어요.

15. 나열

문법	활용 / 예문
-ㄴ 데다가	선행절의 정보에 후행절의 정보를 추가할 때. 예 은호 씨는 같은 과 친구인 데다가 고등학교 동창이기도 해요.
-ㄹ 뿐만 아니라	선행절의 정보에 후행절의 정보를 추가할 때. 예 • 그 사람은 좋은 친구일 뿐만 아니라 좋은 선생님이다. • 비가 올 뿐만 아니라 바람도 심하게 불어서 내일 가기로 했던 소풍은 취소될 것이다.

16. 그 외 주요 문법

문법	활용 / 예문
-ㄴ 대로	어떤 일을 하는 것과 똑같이 한다는 의미, 어떤 일을 하고 바로 한다는 의미를 나타낼 때. 📀 일 끝나는 대로 출발하면 10시쯤 도착할 것 같아요.
-ㄴ 척하다	행동이나 상태를 실제와 다르게 꾸미는 태도를 나타낼 때. 📀 오늘 아침에 준호를 만났는데 나를 못 본 척하고 지나갔다.
-ㄴ 체하다	행동이나 상태를 실제와 다르게 꾸미는 태도를 나타낼 때. 📀 그 사람은 나를 봤는데도 모르는 체했어요.
-다니	어떤 사실이나 상황이 놀랍거나 믿을 수 없을 때. 📀 저렇게 빨리 달릴 수 있다니 정말 신기하군요.
-ㄹ 뻔하다	어떤 상황이 거의 일어나려고 했지만 실제로는 일어나지 않았을 때. 📀 눈이 많이 와서 오다가 넘어질 뻔했어요.
(-면) -ㄹ수록	선행절의 행동이나 상황이 계속됨으로 후행절의 정확도가 더해지는 것을 나타낼 때. 📀 그 사람은 만나면 만날수록 좋은 사람인 것 같아요.
어찌나 -ㄴ지	선행절의 내용을 강조하며 그것이 후행절의 원인임을 밝힐 때. 📀 • 머리가 어찌나 쑤시던지 앓는 소리가 저절로 나왔다. • 이번 여름은 날씨가 어찌나 더운지 밖에 나가고 싶지가 않네요.
얼마나 -ㄴ지 모르다	어떤 사실이나 상황의 정도가 대단함을 강조할 때. 📀 지금 겨울이어서 얼마나 추운지 몰라요.

구어	문어
항상 이런 일이 있지는 않아.	항상 이런 일이 발생하는 것은 아니다.
실수할 때가 많으니까 그런 거야.	실수하는 경우가 많기 때문이다.
이미 이야기했어.	이미 이야기한 바 있다.
공부해서 공무원이 되려고 해.	공무원 시험에 합격하는 데 그 목적이 있다.
주의하지 않으면 큰 문제가 생길 때가 있어.	주의하지 않으면 큰 문제를 야기하기도 한다.
질서를 꼭 지켜야 해.	질서를 지켜야 한다는 것을 잊지 말아야 할 것이다.
문제가 많은 사람도 계속 노력하면 성공할 수도 있겠지.	문제가 많은 사람이라고 해도 끊임없는 노력을 통해 성공할 수도 있다.
도전 정신으로 합격할 수 있었어.	도전 정신이 합격으로 이어지다.
창의력이 필요해.	창의력이 요구되다.
상사가 올 때가 있어.	상사가 방문하는 경우가 있다.
도시가 보통 더 뜨거우니까.	이는 도시의 열이 더 높기 때문이다.
이 일은 실패한 것 같아.	한 마디로 말해 이 일은 실패한 것이다.
이렇게	이러한 / 이렇듯 / 이와 같이 / 이는
같이	더불어 / 함께

03 | 쓰기 답안에서 많이 사용된 표현

1. 통계 자료에 대한 분석 표현 [53번]

- -이/가 감소하다.
- -이/가 급증하다.
- -(이)라고 응답하다.
- -은/는 5%에 그쳤다.
- -이/가 20%로 나타났다.
- -이/가 20%를 차지했다.
- -이/가 증가세를 보이다.
- -다는 것을 알 수 있었다.
- -에 이를 것으로 기대된다.
- -(으)려면 -아/어/해야 한다.
- -에 대해 설문조사를 실시하다.
- -의 원인으로 -을/를 들 수 있다.
- -라고 응답한 경우가 가장 많았다.
- -이/가 큰 영향을 미친 것으로 보인다.

2. 정보 전달, 설득, 주장을 하는 표현 [54번]

- -기 위해서는
- -은/는 바 있다.
- -이/가 요구되다.
- 이는 -기 때문이다.
- -이/가 -(으)로 이어지다.
- -을/를 이야기하기도 한다.
- 그리고 -은/는 -기도 한다.
- -이/가 -은/는 경우가 있다.
- -은/는 경우가 많기 때문이다.
- 한 마디로 말해 -은/는 -이다.
- -을/를 잊지 말아야 할 것이다.
- -을/를 통해 -(으)ㄹ 수도 있다.
- 그런데 항상 -은/는 것은 아니다.
- -은/는 -은/는 데 그 목적이 있다.
- -이/가 -(으)로까지 이어질 수 있게 된다.
- 이러한 / 이렇듯 / 더불어 / 결국 / 이와 같이 / 이는
- -(으)ㄹ 뿐만 아니라 -이/가 되고 싶은 마음이 든다.